KAMPENWAND
VERLAG

ISBN: 978-3-947738-31-1

© 2020 Kampenwand Verlag
Raiffeisenstr. 4 · D-83377 Vachendorf
www.kampenwand-verlag.de

Versand & Vertrieb durch Nova MD GmbH
www.novamd.de · bestellung@novamd.de · +49 (0) 861 166 17 27

Printed in Czech Republic
FINIDR, s.r.o. · Lípová 1965 · 737 01 Český Těšín

Text: Christian Lehner

PARK-CAFE

LAUT & LECKER

FUNKY SOUL FOOD REZEPTE

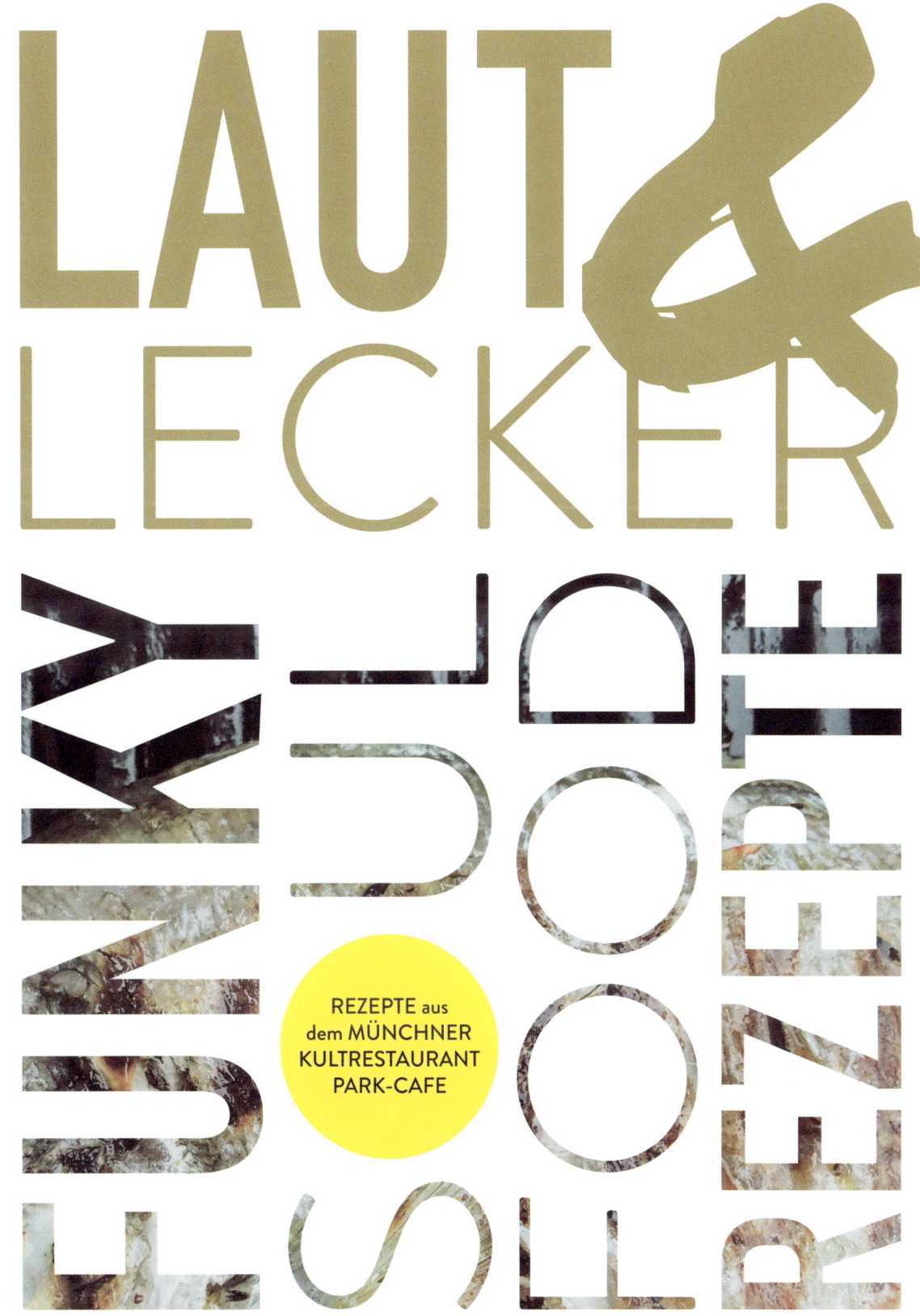

REZEPTE aus
dem MÜNCHNER
KULTRESTAURANT
PARK-CAFE

FUNKY SOUF

EINFACHE WOHLFÜHL- & GENUSSREZEPTE VON MUSIKERN, KÜNSTLERN, DJS UND GASTRONOMEN AUS ZUTATEN, DIE MAN IN EINER GANZ NORMALEN KÜCHE FINDET

Durch das Netzwerk der gastronomischen Kollegen und der Künstler-Familie in München sind viele Kreative, Musiker und DJs auf den Zug mit aufgesprungen und haben ihre Lieblings-Quarantäne-Gerichte, Familien- und Wohlfühlrezepte beigesteuert. Wir arbeiten einfach mit den Produkten, die da sind, und machen das Beste draus. Wenn eine Zutat nicht wie beschrieben vorhanden ist, probiert einfach eine in eurer Vorstellung ähnliche Zutat aus. Uns ist es wichtig, ausgewogen, abwechslungsreich und vor allem lecker zu essen. Einige der Gerichte sind auch eine großartige Möglichkeit, Kinder an einem verregneten Nachmittag zu beschäftigen und an das Thema Kochen und Küche heranzuführen.

Chris Lehner

CHRIS LEHNER

Als Nachfahre niederbayerischer Landwirte und Metzger wollte er nie in der Gastronomie landen. Über eine technische Ausbildung und den zweiten Bildungsweg kam er an die Fachhochschule. Bereits während der schulischen Laufbahn hat Lehner regelmäßig nebenbei in der Gastronomie gearbeitet. Die Gastronomie wurde über Jahre hinweg zur Konstante in seinem Leben. Durch die Arbeit mit den Produkten, die Lehner schon von Kindheit an aus der Landwirtschaft kannte, vertiefte er sein Interesse an Gerichten, Rezepten und internationalen kreativen Speisen.

In seinem gastronomischen Schaffen hat er eine riesige Bandbreite der Kulinarik bedient: mexikanische Küche, New Orleans Cajun Food, alpenländische Spezialitäten, Münchner Wirtshauskultur, Asian Cross Over Fusion Food, kreative Erlebnismenüs mit Wein-Pairing usw.

Seit 2006 führt er zusammen mit seiner Frau Katrin das prestigeträchtige „Park Café" im Herzen Münchens, seit 2018 noch das Wirtshaus „das Bad" am Bavariaring, direkt gegenüber vom Oktoberfest-Haupteingang. Im Jahr 2015 gründet Lehner die „Park Café Grillakademie" in München, gibt Kurse zu verschiedenen Themen und Schwerpunkten und entwickelt neue Rezepte und Ideen rund um das Thema Grillen, Kochen und Genießen.

Durch seine Leidenschaft für Musik und Technik begann er als Jugendlicher in seiner Freizeit Schallplatten aufzulegen. Der Spaß am DJing und an der Musik blieb bis heute erhalten. Über die Jahre entstand so ein riesiges Netzwerk aus Musikern, Künstlern und DJs aus München, Europa und der ganzen Welt.

DIE KÜNSTLER-COMMUNITY

Das „Park Café" im Herzen Münchens ist nicht einfach eine Gaststätte, es ist ein Gebäude, das seit Jahrzehnten zum Münchner Kulturleben gehört. Errichtet als Caféhaus in den 1930er-Jahren nach französischem Vorbild, entwickelte es sich in der Nachkriegszeit Ende der 1940er-Jahre zu einem Treffpunkt der Generationen.

Der sonntägliche „Tanztee" wurde über Jahrzehnte zelebriert. In den 1980er-Jahren entwickelte sich das Haus zu einem legendären Club, in dem internationale Stars & Sternchen aus- und eingingen. Prince hat hier am 21. Mai 1987 sein legendäres Album „Featuring Madhouse München" live auf der Bühne eingespielt, Grace Jones ritt auf einem Pferd auf die Tanzfläche und Hugh Hefner feierte seine dekadenten Playboy-Nights.

Seit 2006 ist das „Park Café" ein Weltspeisenrestaurant mit Bühne, Bar & großem Biergarten nach Münchner Tradition unter der Leitung der Wirtsleute Katrin & Christian Lehner. Ziel des Generationenwandels war es, dieser Tradition verpflichtet zu bleiben und dennoch das zwanzigste Jahrhundert gebührend zu zelebrieren: regelmäßige Konzertabende, Live-Shows, DJ-Clubabende, Lesungen, Kleinkunstshows und kreative Kunstabende finden auf den Bühnen im Haus oder auf der Freifläche inmitten des riesigen Biergartens im Alten Botanischen Garten statt. Musiker sind nun mal gesellige Menschen, die auch abseits der Musik Unterhaltung bieten. Die Gemeinde der Kreativen ist ein eingeschworener Verein, man hält zusammen, hilft sich aus und besucht gegenseitig Events. Berufsbedingt sind Künstler und Musiker oft und viel unterwegs, arbeiten nicht nach klassischen Berufsmodellen und ernähren sich häufig „on the road". Daher wissen Künstler Genuss, gutes Essen und das passende Gläschen dazu auch sehr zu schätzen. Es ist selbstredend, dass alle Musiker auch bei ihren Auftritten und Gigs entsprechend wohlschmeckend verwöhnt werden. So sind schon so manche Abende Backstage zu langen Nächten geworden.

WARUM EIN KOCHBUCH?

„Ich arbeite bereits seit 30 Jahren in der Gastronomie. Die Zubereitung von Speisen ist hier eine der wichtigsten Aufgaben. Im Restaurant stehst du aber immer mit einem Team, einer Rezeptidee und einer vollausgestatteten Restaurantküche. Die Herausforderung besteht einfach darin, gute Gerichte zuzubereiten, ohne die Zuhilfenahme von Profi-Equipment und spezieller Ausrüstung. Schmecken muss es! Dazu ist die Gastronomie eine bunte Welt mit vielen kreativen Köpfen, Gerichten und Ideen. Ich sauge diese Atmosphäre täglich auf und sammle seit Jahren bunte, abgefahrene, ganz tolle Rezepte. Gerade bei vermeintlich einfachen Gerichten bin ich immer auf der Suche nach der absolut besten Version. Hier probiere ich immer wieder neue Varianten, Vorschläge oder Improvisationen. Manchmal zum Leid meiner Familie, die dann alles testen muss."

Erlaubt ist, was gefällt!

WAS UNTERSCHEIDET DEIN KOCHBUCH VON ALLEN ANDEREN?

„Es ist alles bewusst simpel gehalten: Einfache Zutaten, einfache Arbeitsschritte, einfache Abläufe. Trotzdem kann man so auch gute Gerichte zubereiten. Für ein Abendessen muss man nicht in einen Feinkostladen gehen und Zutaten kaufen, die man nie wieder braucht. Jeder kann kochen und jeder soll es auch zuhause können."

WARUM SIND AUCH REZEPTE ANDERER KOLLEGEN IN DEINEM BUCH?

„Nachdem ich ständig mit meinen Musikern und Künstlern spreche, um Bookings zu planen und Gigs zu organisieren und wir dabei eigentlich immer in ausführliche Gespräche verfallen, kam irgendwann eins zum anderen und jeder hat angefangen, sein Lieblingsrezept zu schicken. Wohlfühlküche mit künstlerischem Hintergrund sozusagen."

DU KOCHST VEGETARISCH, ABER AUCH MIT FLEISCH. WARUM?

„Meine Vorfahren waren Landwirte. Schweinezucht, Milchwirtschaft, Geflügelzucht. Aber auch Weizenfelder und Maisanbau. Gerade hier in Bayern ist die Landwirtschaft ein wichtiger Bestandteil unserer Gesellschaft und unserer Kultur. Wir müssen nicht täglich tierische Produkte essen. Eine gesunde Mischung, artgerechte Haltung und regionale Produkte sollten hier viel mehr im Vordergrund stehen. Ich habe vor Jahren mit einem überzeugten Vegetarier und abstinent lebenden Pianisten zusammengearbeitet. Er hat sich an besonderen Abenden auch schon mal ein Bier, ein Steak oder eine Zigarre gegönnt und es ganz einfach begründet: „Alles ist Gift, es kommt nur auf die richtige Dosierung an!"

TIPPS
& Tricks

Wir erleben in unseren Grill- & Kochkursen leider immer wieder eine gewisse Ratlosigkeit und Unsicherheit bei den verwendeten Produkten. Mut ist gefragt, erlaubt ist, was gefällt. So kann man viele Zutaten durch vergleichbare Produkte ersetzen. Das Gericht schmeckt dann vielleicht ein wenig anders als das Original, oft entdecken wir so aber auch neue, tolle Aromen und spezielle Gerichte. Eine kleine Auflistung von Produkten, die sich gegenseitig ersetzen können, falls das ein oder andere mal nicht vorrätig ist:

- *Semmelbrösel, Paniermehl, Panko, Cornflakes oder Tortilla Chips (fein zerbröselt)*

- *Orange, Zitrone, Limette, Mandarine, Ananas*

- *Sahne, Milch, Crème fraîche, Kokosmilch, Mandelmilch …*

- *Pfirsich, Aprikose, Mango, Honigmelone*

- *Jede Art von Zucker, Honig, Ahornsirup*

Einfach hergestellter Hefe-Ersatz (entspricht ca. 50 g Hefe): 100 ml Hefeweißbier, 1 TL Zucker, 1 EL Mehl, einfach alles verrühren, bei Raumtemperatur über Nacht gehen lassen. Fertig. Und immer ein zusätzlicher guter Grund, eine Flasche Weißbier vorrätig zu halten.

Auch ein kleiner, aber feiner Trick: Man kann durch die Zugabe von extra kohlensäurehaltigem Mineralwasser so ziemlich jeden einfachen Teig noch luftiger werden lassen. Einfach im Soda-Sprudler die halb gefüllte Flasche zwei- bis dreimal sprudeln und ihr habt ein sensationelles flüssiges Backtriebhilfsmittel. Das Wasser aber erst ganz zum Schluss und sehr vorsichtig in den Teig einarbeiten.

Eines meiner Lieblingsgewürze ist Thymian. Beim Gemüsehändler meines Vertrauens gibt es Thymian frisch getrocknet am Zweig. Davon kaufe ich immer gleich eine ganze Tüte voll. Diese Tüte verschließe ich rund herum und lasse nur am unteren Ende ein fingerdickes Loch. Fertig ist der automatische Thymian-Streuer. Hält viele Wochen, verfeinert beinah jedes Gericht und gibt den mediterranen Touch.

Die angegebenen Mengen sind im Regelfall für 4 Personen gedacht.

ROBERT ENNEMOSER
aka ENNE

Musiker und DJ seit Anfang der 80er, spielt Klavier, E-Bass, Drums und Turntables. Unterwegs mit Band oder Solo auf den Bühnen der Welt. Von Berlin über Moskau bis Ibiza. Vater aus Monfalcone, einem Vorort von Triest. Mutter ebenfalls in Triest geboren, dann nach Innsbruck ausgewandert. Robert wurde in Innsbruck geboren und ist dort mit den kulinarischen Köstlichkeiten aus Venezia Guilia/Friaul und Tirol zu einem wohlgenährten Wonneproppen herangewachsen. Zwei seiner Lieblingsgerichte gibt es hier: Die Rezepte sind 1:1 original aus der Cucina seiner Mama. Roberts Papa lebt nach wie vor in Monfalcone und baut auf dem eigenen Hof Wein und Gemüse an. Und wenn der ENNE zu Besuch kommt, gibt's selbstverständlich seine Leibgerichte mit Zutaten direkt vom Feld. Frischer geht's nicht. Da wird dann auch das ein oder andere Gläschen Hauswein verköstigt.

KÜRBISBLÜTEN
IM TEMPURATEIG

ORIGINALREZEPT VON UNSEREM LIEBLINGS-DJ ENNE. BÜRGERLICH ROBERT ENNEMOSER, EIN URGESTEIN DER EUROPÄISCHEN DJ-SZENE MIT WELTWEITEN ENGAGEMENTS, EIGENPRODUK-TIONEN UND DIVERSEN KREATIVEN BANDPRO-JEKTEN. ROBERT IST VON ANFANG AN MITBE-GRÜNDER UND TEIL DER PARK CAFÉ-DJ-FAMILY UND EIN TEIL DES TEAMS. JEDER AUFTRITT IST EIN HEIMSPIEL!

12	Kürbisblüten
100 ml	Vollmilch
100 g	Mehl
1	Ei
1 TL	Backpulver

Salz, Pfeffer, neutrales Öl, Limette

- Kürbisblüten abpinseln, Blütenstempel mit einem kleinen Messer aus der Mitte schneiden.
- Mehl, Ei, Milch, Backpulver, eine Prise Salz & Pfeffer und ein bisschen Limettenschalen-abrieb gleichmäßig verrühren.
- In einem hohen Topf das Öl kräftig erhitzen. Die Blüten einzeln in den Teig drücken, so dass sie gleichmäßig damit überzogen sind, dann nach und nach in dem heißen Öl aus-backen.
- Wenn sie goldgelb und knusprig sind, vor-sichtig herausnehmen und auf Küchenkrepp trocken tupfen. Einen Spritzer Zitronensaft darüber träufeln. Fertig.

Je nach Gusto noch etwas Limettenabrieb, grobes Meersalz oder Rosenpaprika darüber streuen. Dazu passt Sour Cream oder auch eine asiatische Sweet Chili Sauce. Statt Kürbisblüten kann man auch Zuc-chiniblüten verwenden, diese muss man nur trocken abpinseln. Ebenso kann man den Teig auch variieren: Buttermilch, Vollkornmehl, Dinkelmehl …

INES GOLDFISCH

Unsere charmante Sängerin Ines Goldfisch war die letzten Jahre bei uns im Park Café für den Valentinstag gebucht. Gemeinsam mit ihren Musikern gelang es ihr immer, den Abend romantisch und stimmungsvoll mitzugestalten. Dass oftmals die Aufmerksamkeit der vielen Gäste auf der Bühne war und der eine oder andere sein persönliches Liebes- oder Kennlernlied wiederfand, machte auch für uns den Themenabend vollkommen. Ines verriet uns, dass sie jeden Tag kocht und sich gerne gesund ernährt, weil sie nicht nur unglaublich gut singen kann, sondern auch noch Marathon läuft. Aktuell arbeitet sie an ihrem ersten Album mit deutschen Texten zu Themen, die das Großstadt-Singleleben so schreibt – charmant, witzig, tiefgründig und immer mit einem Augenzwinkern durchleuchtet sie darin die vielen Facetten der Liebe.

KARTOFFEL-BROKKOLI-PAPRIKA-PFANNE
MIT ERDNUSSCREME (VEG)

EIN REZEPT UNSERER BEZAUBERNDEN INES GOLDFISCH, DIE UNS REGELMÄSSIG MIT CHARMANTEN CHANSONS BEGEISTERT UND SCHON SO MANCHEN ROMANTISCHEN VALENTINSTAG MUSIKALISCH BEGLEITET HAT.

300 g	gekochte Kartoffeln
150 g	Brokkoli
2	Spitzpaprika
½	Zwiebel
1–3	Knoblauchzehen
1–2 EL	Erdnussbutter

Neutrales Öl (oder Butter), Rosenpaprika, Cayenne, Salz

- Kartoffeln in etwa daumengroße Stücke schneiden, Brokkoli in Röschen schneiden, Zwiebel & Knoblauch hacken, Spitzpaprika putzen und in fingerdicke Streifen schneiden.
- In einer tiefen Pfanne mit etwas Öl die Kartoffeln, Zwiebel und Knoblauch scharf anbraten, bis die Zwiebeln leicht glasig sind.
- Spitzpaprika und Brokkoliröschen zugeben. Kräftig würzen, Erdnusscreme dazu geben. Kurz ziehen lassen. Fertig.

Herrlich einfach, saulecker und abwechslungsreich variier- und kombinierbar, z. B. mit Cous Cous oder Reis.

PARMIGIANA
DI MELANZANE (VEG)

NOCH EIN LIEBLINGSGERICHT UNSERES
LIEBLINGS-DJS ENNE.

4	Auberginen
1	Zwiebel
3–5	Knoblauchzehen
500 g	passierte Tomaten (Dosenware)
½ Bund	Basilikum
300 g	Parmesan, gerieben
300 g	Büffelmozzarella, in Scheiben
4 cl	Portwein, rot
2 EL	Pinienkerne

Olivenöl, neutrales Öl, Mehl, Salz, Pfeffer, Zitrone
(Schalenabrieb & Saft)

- Auberginen in ca. 1 cm dicke Scheiben schneiden und grob salzen. In einer tiefen Schüssel gut 1 Stunde ziehen lassen.
- Zwiebel klein hacken, eine Knoblauchzehe pressen und in Olivenöl kräftig anbraten, Tomaten und Portwein zugeben und ziehen lassen, Basilikum klein hacken und unterheben. Etwas Zitronenabrieb und einen TL Zitronensaft unterheben, eine Prise Salz und Pfeffer dazu, kurz aufkochen lassen und vom Herd nehmen.
- Auberginen mit Küchenkrepp abtrocknen und gleichmäßig in Mehl wälzen. In einer tiefen Pfanne in viel neutralem Öl grillen, eigentlich sogar fast schon frittieren. Wieder mit Küchenkrepp abtupfen und zur Seite legen.
- Backform mit Olivenöl ausstreichen, den Rest des Knoblauchs hacken und gleichmäßig auslegen, eine Lage Auberginen gleichmäßig auslegen, so dass der Boden komplett bedeckt ist, Mozzarellascheiben verteilen und Parmesan darüber streuen, das Ganze noch zweimal wiederholen. Am Schluss noch mal kräftig und gleichmäßig Parmesan verteilen.
- Im vorgeheizten Backofen bei 200 °C Umluft ca. 30–35 Minuten überbacken, der Parmesan muss eine goldbraune Kruste ergeben. Fertig.

Besonders lecker wird die Parmigiana, wenn man bei der letzten Schicht Parmesan noch in der Pfanne angeröstete Pinienkerne unterhebt.

FELIX AND THE MACHINES

Wir heißen nicht nur Felix and the Machines, wir laufen auch wie eine gut geölte Stimmungsmaschine. Egal, wie groß oder klein, laut oder leise, wild oder gediegen die Veranstaltung sein soll... wir liefern den richtigen Sound dafür. Von der sechsköpfigen Band – voll verstärkt – bis hin zur One-Man-Show – live and unplugged – haben wir für jeden Auftritt die passende Besetzung. Wie viel Profi in jedem Bandmitglied steckt, verraten wir hier. Felix and the Machines spielen auf Firmenevents und Privatveranstaltungen, aber auch in Clubs, auf Partys und Festivals.

KARTOFFELOMELETTE
MIT OLIVEN-THUNFISCH-KAPERN-PASTE

EIN REZEPT VON „FELIX AND THE MACHINES". DIE TRUPPE RUND UM FELIX NEUENHOFF HAT UNS SCHON SO MANCHE NACHT DURCHTANZEN LASSEN.

WHAT YOU NEED FOR 4 MACHINES

Für das Omelette:

4	Kartoffeln, gewürfelt
100 g	Speck, gewürfelt
1	Zwiebel, klein gewürfelt
4	Eier
100–150 ml	Milch
1 TL	Gemüsebrühe

Für die Paste:

90 g	Oliven ohne Stein (je nach Geschmack schwarz, grün oder gemischt)
1–2 EL	Kapern
450 g	Thunfisch aus der Dose, ohne Saft
2 EL	gehackte frische Petersilie
1 EL	Olivenöl
1 TL	Zitronensaft
	Salz, Pfeffer

- Zutaten der Paste in der Küchenmaschine miteinander verrühren.
- Die Eier mit Salz, Pfeffer, Gemüsebrühe und Milch verrühren. Pause. 1 kleines Glas Wein trinken.
- Zwiebel & Speck in Olivenöl anbraten, herausnehmen und zur Seite stellen. In derselben Pfanne die Kartoffelwürfel knusprig durchbraten.
- Dann Speck, Zwiebeln und die Ei-Milch-Mischung dazugeben, auf mittlerer Stufe zugedeckt stocken lassen.
- Ist das Omelette fertig, kommt die kalte Paste oben drauf, gerne noch etwas frisch gehackte Petersilie darüber streuen. Fertig.

Kochen ist eigentlich keine Sache für Maschinen, es ist, wie Musik, eine Sache des Gefühls. Da es ein französisches Gericht ist, wünschen Felix and the Machines: Bon appétit!

KAI LAUBER –
BLUE WAVE JAZZ

Die ganze Liebe des kreativen Musikers Kai Lauber (trp/flh/voc) gilt neben Unterhaltungs-, Tanz- und Worldmusik ausschließlich dem Jazz. Schon in frühen Jahren begeisterte er sich für die Jazztrompeter Miles Davis und vor allem für Chet Baker. Er orientierte sich stark an deren Stil, der bis heute in seinem Spiel erkennbar ist. Für seine langjährige Jazzgroup „Blue Wave" hat er zahlreiche Eigenkompositionen im Swing-, Latin-, Soul- und Funk-Sound geschrieben, für Trio, Quartett oder Quintett arrangiert und in vielen Konzerten erfolgreich präsentiert. Bei jedem Auftritt, sei es im kleinen Café oder im Konzertsaal, begeistert Kai Lauber sein Publikum mit weichem Flügelhorn-Sound und seiner jazzigen Stimme.

OMELETTE „BLUE WAVE"

KAI LAUBER UND SEINE BLUE WAVE JAZZGROUP BEGLEITEN SEIT 2007 DAS FRÜHSCHOPPEN-PROGRAMM, DIE BRUNCH-SONNTAGE, HOCH-ZEITSEMPFÄNGE USW. SIE BEWEISEN JEDES MAL AUFS NEUE, DASS JAZZ FREUDE BEREITEN KANN. HIER EIN SCHNELLES UND LECKERES OMELETTE AUS KAIS FEDER.

400 g	Schinken/Speck, gewürfelt
1	Zwiebel, gewürfelt
2	Tomaten, klein gewürfelt
8	Eier

Olivenöl, Salz, Oregano, Milch

- Schinken/Speck in der Pfanne braun anbraten, herausnehmen und auf einen Teller geben, Zwiebel in der Pfanne mit Olivenöl anbraten, herausnehmen und auch auf den Teller geben. Tomatenwürfel in der Pfanne mit einem Spritzer Olivenöl anbraten, dann Schinken und Zwiebel zugeben.
- Eier mit Salz, Oregano und einem kräftigen Schuss Milch verrühren und in der heißen Pfanne, kreisförmig, von außen nach innen, darüber verteilen.
- Glasdeckel auf die Pfanne und kurz volle Hitze geben, bis das Omelette hochgestiegen ist. Fertig.

Dazu empfiehlt Kai frischen Toast und einen herrlichen Südtiroler Rotwein. So geht Brunch.

SHOPSKA SALAT (VEG)

EIN REZEPT UNSERES GROSSARTIGEN GITAR-RISTEN ROBERT KIRCHMAYER. OB IN DIVER-SEN BAND-PROJEKTEN, ALS MUSIKLEHRER, MUSIKALISCHER BERATER ODER AUCH IN DEM BRILLANTEN GITARREN-DUO „DOS ROBERTOS", ROBERT GEHÖRT SEIT JAHREN ZUR PARK CAFÉ-FAMILY! SEIN REZEPT IST SCHNELL GEMACHT, SCHMECKT EINFACH FANTASTISCH UND BIETET BUNTE ANPASSUNGS- & GESTALTUNGSMÖG-LICHKEITEN.

4	Tomaten
1	Salatgurke
3	Spitzpaprika gelb (oder rot)
½ Bund	Petersilie glatt
1 Pckg	Fetakäse (am besten Schaf oder Ziege)
8	Oliven, schwarz, ohne Stein

Weißweinessig, Sonnenblumenöl, Salz, Pfeffer

- Tomaten klein schneiden (je nach Gusto Scheiben, Würfel, Achtel ...).
- Salatgurke halbieren und in Scheiben schneiden.
- Paprika entkernen und in gleichmäßige Stücke schneiden.
- Petersilie hacken, alles mischen, Fetakäse darüber gleichmäßig zerbröseln, Oliven zugeben, mit Essig, Öl, Salz und Pfeffer würzen. Fertig.

Dazu passt jede Art von Weißbrot, gerne mit Kümmel, Salz oder Oliven.

GROSSMARKT
frühmorgens

GROSS

LAMBERET

Früchte
Feldbrach

Obst

Salate

Gemüse

Fertigsalate

Christian Kieslinger „Kisi" frühmorgens
in der Großmarkthalle München

☎ 76 75 58 58

FNS

MARKT

Kisi on stage

CHRISTIAN KIESLINGER

CHEF VON „FRÜCHTE FELDBRACH"

Rock and Kohl

Christian Kieslinger: „Mein eigentlicher Berufs-wunsch war Musiker, meine erste Band hatte ich mit 12 Jahren, nachdem mein Vater aber meinte, Musiker sei keine Option, habe ich erst mal eine Ausbildung zum Koch im Arabella Hotel Spitzingsee begonnen. Der Traumberuf Koch war aber nach 3 Jahren Lehre für mich ausgeträumt, und durch den Vater meiner damaligen Freundin bin ich dann in die Großmarkthalle gekommen und war sofort vom Großmarkt- Flair angesteckt. Nach einigen Stationen in der Halle habe ich mich selbständig gemacht, erst nur mit einem Gemüseladen in Holzkirchen, mit mei-nen Erkenntnissen aus der Kochlehre habe ich mich dann auf die Belieferung der Gastronomie speziali-siert. Mit meiner Frau Jenny Feldbrach habe ich dann den ‚Früchte Feldbrach Großhandel' gegründet und wir sind seit mehr als 20 Jahren aktiv, mittlerweile beschäftigen wir über 100 Mitarbeiter und beliefern täglich bis zu 600 Kunden in und um München. Zu-meist Restaurants und Hotels. Meine große Leiden-schaft ist immer noch die Musik und mit unserer Band MITTENDRIN sind wir immer noch musikalisch unterwegs, bei kleinen Veranstaltungen und in der ganzen Welt als Robinson Club Band.

Zu meinem Rezept ‚Häckerle' gibt es eine nette Ge-schichte: Mein erster Besuch in Berlin bei der Fami-lie meiner Frau Jenny war zu einer Geburtstagsfeier, und da gab es am Buffet einen, wie ich dachte, Ber-liner Kartoffelsalat, was ich nicht wusste, es war Hä-ckerle, Kartoffelsalat mit Hering. Zu dieser Zeit habe ich Fisch gehasst. Nachdem ich einen großen Hap-pen im Mund hatte und den Fisch geschmeckt habe, gab es nur zwei Möglichkeiten: Alles auf den Tisch spucken oder einfach runterschlucken!!! Ich habe mich für die zweite Möglichkeit entschieden, um den neu gewonnen Familienanschluss nicht zu verprel-len. Mittlerweile esse ich es regelmäßig und gerne."

Früchte Feldbrach München

BERLINER HÄCKERLE
NACH OMAS ART

1 Pckg	Matjes ca. 4–6 Stück
2	hart gekochte Eier
2	Essiggurken (natürlich aus dem Spreewald)
½	Apfel
2 Bund	Frühlingszwiebeln
½	kleine Zwiebel
2 TL	Senf (mittelscharf aus Bautzen)
2–3	mittlere gekochte Kartoffeln (wahlweise Vollkornbrot)

Pfeffer aus der Mühle

- Matjes, Apfel, Zwiebel, Gurke und Eier in Würfel schneiden, Frühlingszwiebeln in Ringe schneiden.
- Alles in eine Schüssel geben und mit den Kartoffeln oder Vollkornbrot (oder beidem) vermengen, mit Senf und Pfeffer würzen, ein bisschen ziehen lassen. Fertig.

Die Kollegen in der Großmarkthalle beginnen ja bereits mitten in der Nacht zu arbeiten und essen gerne deftig. Morgens zwischen 5 und 6 Uhr gibt es regelmäßig Häckerle. Da muss man sich aber wirklich erstmal dran gewöhnen.

RISOTTO MIT RADICCHIO (VEG)

EIN BISSCHEN BITTER UND TROTZDEM SEHR
LECKER. DIE RAFFINESSE DES GERICHTES LIEGT
IN SEINER EINFACHHEIT.

1–2	Radicchio
250 g	Risottoreis
1	Zwiebel
1	Knoblauchzehe
¾ l	Gemüsebrühe
⅓ l	Weißwein
1	Limette
50–80 g	Parmesan oder Grana Padano
(8	Scheiben vom Serrano-Schinken)

Petersilie frisch, Thymian, frisch oder getrocknet

- Zwiebel kleinhacken, Knoblauch pressen, in Olivenöl glasig anschwitzen, dann Reis zugeben und vorsichtig anbraten. Soweit Brühe zugeben, dass der Reis gleichmäßig bedeckt ist, bei kleiner Stufe vor sich hin köcheln lassen, Brühe immer wieder zugeben.

- Währenddessen Radicchio putzen und in ca. 2 cm lange, maximal fingerdicke Stücke schneiden.

- Wenn der Reis noch schön Biss hat und die Brühe soweit aufgesaugt hat, Radicchio zugeben und gleichmäßig unterheben. Der Radicchio fällt echt schnell zusammen und kann hier und da auch leicht braun werden, das macht aber geschmacklich nichts aus.

- Jetzt den Wein zugeben, die Schale einer halben Limette darüber reiben, gehackte Petersilie und Thymian zugeben. Umrühren und kurz ziehen lassen. Wenn der Reis schön weich und saftig ist, Parmesan unterheben, bei Bedarf noch einen Spritzer Sahne oder Milch zugeben. Fertig.

Wer mag, kann beim Servieren gerne noch zwei Scheiben Serrano-Schinken und etwas frisch gehackte Petersilie darüber geben.

POENITSCH
& JAKOPIC

Sind Poenitsch & Jakopic wirklich die sonische Wiederauferstehung von Siegfried & Roy, mit Kugeln aus Techno-Stahl, von Disco-Funken umrockt? Sie arbeiten als DJs, Produzenten und Musiker – u. a. für Sujet Musique, Karmaloft Recordings, NY.Club, Kooks und das Palais. Und immer wieder im legendären Park Café. Außer in den guten Clubs Münchens (Harry Klein, Registratur Bar, Hochhouse) wirkten sie weltweit live und im Studio – an Decks, Instrumenten oder dem Mikro. Im Universum von Poenitsch & Jakopic kam immer beides vor: Die Helligkeit des House sowie die Tiefe des Techno – mal mit Vocals, mal instrumental. Nach zahlreichen Vinyls, Alben und Single Tracks arbeiteten sie live auch mal im Gespann mit DJ Enne, DJ Linus, Supamario oder im Studio mit Harold Faltermayer. 2016 gewannen sie die Munich Nightlife Awards als beste Techno & House DJs und 2017 enterten sie ein halbes Jahr lang die Nummer Eins der Traxsource Electronica Charts mit THE LAST UNICORN. Latest release: Fly Robin Fly / Sujet.

JENS POENITSCHS
LEGENDÄRES RISOTTO (VEG)

JENS POENITSCH: „ICH WAR NIE DER GROSSE KOCH UND WERDE ES AUCH NIE WERDEN. ALS ECHTER ZAPPELPHILIPP HALTE ICH ES AUCH NICHT AUS, SELBST AN LANGWIERIGEN REZEPTEN ZU BASTELN, OBWOHL ICH VÖLLEREI EIGENTLICH MAG. ICH WAR IMMER EIN GENUSS-ORIENTIERTER MENSCH UND HATTE BEREITS IM ELTERNHAUS INTERESSE AN NACHHALTIGKEIT UND GESUNDEM, LECKEREM ESSEN. WÄHREND DER LETZTEN JAHRE VERSUCHTE ICH, MEINEN FLEISCHKONSUM ZU DROSSELN, MASSEN-TIERHALTUNG ZU MEIDEN UND LIEBER WENIG, ABER DAFÜR BIO-FLEISCH ZU ESSEN, UND WAR NACH ALLMÄHLICHEM WEGLASSEN VON FLEISCH (OK, JOGHURT, EI UND FISCH DARF SCHON NOCH SEIN) ÜBERRASCHT, WIE VIELE LECKERE VEGGIE-REZEPTE ES DOCH GIBT. DA VIELE MEINER FREUNDE SCHON JAHRELANG SO KOCHTEN, OHNE MICH JEMALS MISSIONIE-REN ZU WOLLEN, PROBIERTE ICH ES FREIWIL-LIG, JETZT, WÄHREND DER CORONA-AUSZEIT, AUCH MAL SELBST AUS UND MUSS SAGEN: ES SCHMECKT NICHT NUR SUPER, SONDERN IST FÜR DEN KÖRPER EIN KICK.

Schluss mit der Philosophie, hier zum Mong-Tratzerl:

250 g	Champignons
1	Zwiebel (oder 2 Schalotten), gewürfelt
80 g	gemahlene Walnüsse
40 ml	Olivenöl
50 g	Parmesan, gerieben
evtl. 100 ml	Weißwein
350 g	Risottoreis
800 ml	Gemüsebrühe

Frische Petersilie, Salz, bunter Pfeffer

- Zwiebel in Olivenöl glasig anschwitzen, Reis zugeben. So viel Brühe zugeben, dass der Reis bedeckt ist, Walnüsse zugeben, ziehen lassen, immer wieder Brühe (und Wein) zugeben.
- Wenn der Reis sich schön vollgesogen hat, aber noch ein bisschen Biss hat, Parmesan und klein-geschnittene Pilze unterheben und bei niedriger Stufe ziehen lassen. Fertig.

Für die Optik noch etwas frisch gehackte Petersilie und Walnusssplitter über das fertige Gericht streuen.

BARBECUE
und gute Freunde

BARB

DORADE VOM GRILL

2	Dorade im Ganzen, küchenfertig, frisch
2	Frühlingszwiebeln
2	Knoblauchzehen
1 St	frischer Ingwer
½ Bund	Petersilie
100 ml	Fischfond (alt. Gemüsebrühe)
3 cl	Sherry (alt. Portwein)
10 ml	Sahne

grobes Salz, Olivenöl, Weißwein, Zitrone, Aluminium-folie

- Fisch waschen und trocken tupfen. Alufolie ausbreiten, die Außenkanten nach oben anknicken und alles leicht ölen.

- Eine Frühlingszwiebel der Länge nach in dünne Streifen schneiden, die Hälfte des Fischfonds mit den restlichen Zutaten verrühren. Frühlings-zwiebelstreifen in den Bauchraum legen, den Fisch auf die Alufolie legen, mit der flüssigen Marinade gleichmäßig beträufeln und einmassieren, etwas mit grobem Salz würzen, die Alufolie zu einer Tasche verschließen und mindestens 2 Stunden im Kühlschrank ziehen lassen.

- Auf dem heißen Grill den Fisch erst 10 Minuten in der Folie garen, dann auspacken, den Saft auf-fangen und den Fisch weitere 10 Minuten auf jeder Seite kräftig angrillen. Die Garzeit variiert nach der Größe des Fisches.

Wer dazu ein Sauce möchte:
Die zweite Frühlingszwiebel klein hacken und in der Pfanne mit etwas Olivenöl anschwitzen, den aufgefan-genen Saft mit 50 ml Fischfond, der Sahne und einem Schuss Weißwein aufkochen, ein bisschen Zitronen-schalenabrieb und/oder einen Spritzer Zitronensaft dazugeben, nach Belieben salzen und pfeffern. Wer will, kann die Sauce noch mit dem Zauberstab glatt pürieren. Fertig.

LEHNERS LEGENDÄRE
LOIN RIBS MIT SPEZIALSAUCE

EINZIGARTIG, LECKER, SIMPEL IN DER ZUBEREI-
TUNG. UND DIE SAUCE ENTSTEHT GANZ EASY
NEBENBEI.

4	Loin Ribs (à ca. 500 g)
250 ml	Apfelsaft
500 ml	Tomatenketchup
3 EL	Tomatenmark
2	Äpfel, frisch, geschält, entkernt
2 EL	Honig
2 EL	weißer Balsamico-Essig
2	Bratschläuche

Chilipulver, Salz, Pfeffer, Rosenpaprika,
Cayennepfeffer, Butter

■ Loin Ribs auf beiden Seiten mit Salz, Pfeffer,
Chilipulver, Paprika einreiben.
Vorsichtig mit Chili und Cayenne umgehen.

■ Einen Apfel in Scheiben schneiden. 2 Ribs
und die Hälfte der Apfelscheiben in je einen
Bratschlauch geben, dann Apfelsaft und Honig
auf die beiden Schläuche verteilen. Schläuche
luftdicht verschließen und in den Ofen geben.
Bei 100–110 °C gut 2 Stunden garen lassen.

■ Loin Ribs vorsichtig aus den Schläuchen nehmen,
den Bratensaft und die Apfelstücke auffangen,
Ribs zur Seite legen. Den zweiten Apfel klein
hacken, in einer Pfanne mit Butter und einer
kräftigen Prise Chili glasig anschwitzen, Tomatenmark zugeben, je nach Gusto noch einen Löffel
Honig oder Rohrzucker zugeben. Nun den Bratensaft und Essig zugeben, auf die Hälfte reduzieren.
Ketchup zugeben, aufkochen, alles mit dem
Zauberstab pürieren.

■ Die Ribs mit der Sauce beidseitig kräftig lackieren.
Die Ribs nun für 10 Minuten noch mal in den Ofen
bei 140 °C, damit die Sauce richtig in die Ribs
einziehen kann. Eigentlich sind die Ribs nun fertig,
für das große Finale lackieren wir sie noch mal mit
der Sauce und legen sie noch weitere 3–5 Minuten pro Seite auf den Grill, bis sie knusprig sind
und schöne Grillstreifen haben. Fertig.

Die lackierten Ribs kann man auch jederzeit wieder
eintüten bzw. in eine Vorratsbox geben, um sie dann
für den Grillabend im Kühlschrank zu lagern.

STRAUSSENSTEAKS
VOM GRILL

EIN HERRLICHES REZEPT VON BERND JAKOPIC NACH EINER LANGEN DJ-NACHT IN KAPSTADT.

4	Steaks vom Strauß
3 EL	Öl
1 EL	Tomatenketchup
1 TL	Senf, mittelscharf
1 TL	Sahne
3 EL	Petersilie, feingehackt
1 EL	Chilipulver oder frisches Chilimark
½ TL	Currypulver
¼ TL	Paprikapulver, edelsüß
1 Prise	grobes Salz
1 Spritzer	Sojasauce

- Alle Zutaten für die Marinade vermischen und die Steaks mindesten 2–4 Stunden darin einlegen.
- Die fertig marinierten Steaks können nach Belieben auf dem Grill oder in der Pfanne zubereitet werden. Je nach Stärke der Stücke 2–5 Minuten garen, eher rare als zu durch. Fertig.

Mit einem rosa Kern schmeckt Straußenfleisch am besten. Dazu passen ein bunt gemischter, knackiger Salat und knuspriges Knoblauchbrot.

ENTRECÔTE UNTER DER
TANDOORI-HAUBE

700–800 g	Entrecôte Mittelstück
150 g	Butter
50 g	Parmesan
½ Bund	Petersilie
½ Bund	Thymian
1 Zweig	Rosmarin
3	Eigelb
2 EL	Tandoori-Paste
1 TL	Tandoori-Gewürz
1 TL	Rohrzucker
1 TL	Meersalz
1	Limette
1 Prise	Pfeffer
200 g	Panko oder Semmelbrösel

- Butter weich werden lassen, Kräuter hacken, Limette pressen, Eier trennen und alle Zutaten unterheben, Panko (Semmelbrösel) nach Bedarf, bis eine teigige Konsistenz erreicht ist (nach Geschmack evtl. Chili oder Honig zugeben).

- Zu einem gleichmäßig hohen Stück in der Länge des Grillguts formen, in Frischhaltefolie einwickeln, mindestens 60 Minuten im Kühlschrank hart werden lassen, erst kurz vor dem Finish aus dem Kühlschrank holen.

- Das Entrecôte auf beiden Seiten ca. 10 Minuten auf direkter Flamme angrillen. Kerntemperatur sollte ca. 45 °C sein, herausnehmen, 2–3 Minuten ruhen lassen.

- Die Tandoori-Kruste aus dem Kühlschrank holen, auf der Oberseite des Fleisches andrücken, danach bei großer indirekter Hitze (~200 °C) finishen, gerne in einer Schale oder Pfanne, um den Bratensaft aufzufangen. Zart medium ist das Fleisch, wenn wir eine Kerntemperatur von ca. 55 °C haben. Rausnehmen, noch mal 4–5 Minuten ruhen lassen. Fertig.

Sollte der Grill nicht über einen Deckel verfügen oder die Temperatur nicht erreichen, kann man das Finishing auch im Backrohr bei Oberhitze erledigen. Die Tandoori-Haube veredelt auch jede andere Art von rotem Fleisch (Roastbeef, Lamm, Kalb …).

Straußensteaks vom Grill

Entrecôte unter der Tandoori-Haube

WEIN
Reisen

WEINE

Weingut Castello Banfi in der Toskana

REISEN

Leere Weingläser sind voll von Geschichten

Als Wirt und Gastgeber ist es mir sehr wichtig, den persönlichen Kontakt zu den Produzenten zu pflegen. Egal ob Metzger, Landwirt, Bäcker, Brauer oder Winzer. Daher ist es selbstverständlich, Kontakte zu Winzern aufzubauen und zu pflegen, die jeweiligen Jahrgänge zu verkosten und Neuheiten zu probieren.

Ein charmantes, kleines Familienunternehmen ist das Weingut von Emanuela Tamburini südwestlich von Florenz in der wunderschönen Chianti-Region in der Toskana. Die Familie Tamburini betreibt hier den Wein- und Olivenanbau mittlerweile in der fünften Generation. Emanuela begrüßt die Gäste ihrer wunderschönen „Azienda Agricola" gerne persönlich. Inmitten von Olivenbäumen und Tomatenstauden serviert sie kleine feine hausgemachte Häppchen mit gartenfrischen Tomaten und ihrem eigenen Olivenöl und verkostet ihre hervorragenden Weine. Besonders hervorzuheben sind der Chianti „The Boss" und die beiden Sangiovese di Montalcino „Il Massiccio" und „Il Moraccio". Eine weitere Anlaufstation ist das Schloss Poggio alle Mura mit den Weinen von „Castello Banfi" 20 Kilometer südlich von Montalcino, dem Städtchen des Brunello. Der Besuch ist an sich schon beeindruckend, über den Weinbergen thront das traumhafte Schloss mit einer herrlichen Auffahrt, einem schicken Hotel, einem fantastischen Restaurant und einer Vinothek, die keine Wünsche offenlässt. Regelmäßige musikalische und kulturelle Events, Jazz Nights und kulinarische Abende finden hier statt. Die Auszeichnungen der Weine sind zahllos und respekteinflößend, die Weine machen einfach Freude: der Supertoskaner „Cum Laude", der ausgezeichnete „Brunello di Montalcino" und der Vermentino „La Pettegola".

Ein feiner Lugana entstammt dem Hause „Ca'Lojera of Tiraboschi" aus Sirmione am Gardasee. Auch hier kann man spontan zur Weinprobe vorbeikommen und die feinen Tropfen direkt erwerben. In der Mitte der gemütlichen Probierstube steht ein geheimnisvoller großer Tisch, aus dem, wie von Geisterhand gesteuert, ein Weinkeller emporsteigt. Außerdem ist die Region rund um den Gardasee immer einen Besuch wert.

„Die Tradition besteht nicht in der Bewahrung der Asche, sondern im Aufrechterhalten der Flamme."
Jean Léon Jaurès

FETTUNTA ^(VEG)
TOSKANISCHE BRUSCHETTA

EIN SEHR EINFACHES UND DOCH FANTASTI-
SCHES GERICHT VON EMANUELA TAMBURINI.

2	toskanische Brote (kein Salz, keine Butter, kein Aroma), zur Not Baguette
50 ml	Extra Vergine Olivenöl
Salz	

■ Das Brot in dünne Scheiben schneiden, kurz in der Pfanne rösten, Olivenöl darüberträufeln. Ein wenig salzen. Fertig.

Im Originalrezept wird das frisch geröstete Brot noch mit einem Stück frischen Knoblauch abgerieben. Das ist aber bei einem romantischen Abend nicht wirklich zu empfehlen ... Herrlich sommerlich schmeckt es auch mit feingehackten frischen Kirschtomatenwürfeln mit Basilikum oder Gartenkräutern darüber. Emanuela verwöhnt ihre Gäste zur Weinprobe mit leckeren Versionen ihrer Fettunta, italienischem Schinken und typischer Fenchelsalami aus der Toskana. Dazu ein Gläschen ihrer Weine und der Urlaubsabend ist perfekt.

PIZZATEIG (VEG)

DAS BESTE REZEPT ALLER ZEITEN. ORIGINALER
GEHT ES NICHT. ERGIBT 6–8 PIZZEN (DURCH-
MESSER 20–28 CM). EIN RICHTIGER PIZZATEIG
GEHT MINDESTENS ZWEI-, IM IDEALFALL DREI-
MAL.

10 g	Trockenhefe
½ TL	Zucker
550 ml	Wasser lauwarm
1 kg	Pizzamehl (Typ 505)
1 TL	Salz
5 EL	Olivenöl

Backpapier, Frischhaltefolie, Mehl, Olivenöl

- In 50 ml lauwarmen Wasser Hefe und Zucker einrühren und wenige Minuten stehen lassen, bis Schaum auf der Oberfläche steht. Mehl in die Rührschüssel geben, eine Mulde in die Mitte drücken, Hefewasser in die Mulde eingießen, außen herum das Salz verteilen.

- Öl und 500 ml Wasser zugeben und mit dem Knethaken kräftig rühren, bis ein gleichmäßiger Teig entstanden ist. Abschließend den Teig kräftig kneten und eine gleichmäßige große Kugel rollen, diese mit Olivenöl komplett einölen, in eine große Schüssel geben, diese mit Frischhaltefolie zudecken und mindestens für 24 Stunden in den Kühlschrank stellen. Vorsicht: Der Teig geht ca. auf das Doppelte seines Volumens auf! Die Schüssel groß genug wählen.

- Etwas Mehl auf der Arbeitsfläche und den Handflächen verteilen. Den Teig in die Anzahl der gewünschten Pizzen teilen, die Portionen nochmal durchkneten und einzelne Kugeln rollen. Die Kugeln mit einem sauberen Geschirrtuch abdecken und noch mal 1 Stunde gehen lassen.

- Pizzateig auf einem Bogen Backpapier gleichmäßig auseinanderziehen, vorsichtig mit den Handballen nach außen drücken. Den Teig noch mal 15–30 Minuten gehen lassen. Teig mit Sugo bestreichen, belegen und bei mindestens 230 °C im Ofen 8–12 Minuten herausbacken. Fertig.

Die meisten Öfen haben eine Pizzafunktion, im Normalfall muss die Pizza dabei ins untere Drittel des Ofens, hier bitte das Handbuch beachten. Die einzelnen Teigkugeln kann man auch ganz einfach in Frischhaltefolie einwickeln und einfrieren bzw. mehrere Tage im Kühlschrank lagern. Danach einfach bei Zimmertemperatur auftauen lassen.

Eine simple Variante für eine weiße Pizza ist, statt des Pizzamehls mit 500 g Mehl (Typ 405), 500 g Kartoffelmehl und 100 ml Buttermilch zu verwenden. Der Teig geht nicht ganz so schön auf, schmeckt aber sehr lecker und lässt sich herrlich mit gesalzenem Sauerrahm, Schinkenwürfeln, hauchdünnen Zwiebelringen und geriebenem Edamer verfeinern. Pizza mal ganz anders.

TOMATENSUGO (VEG)

EGAL OB AUF DER PIZZA ODER ZU PASTA.
EINFACH. LECKER. TRADITIONELL.

3	große Zwiebeln, gehackt
4	Knoblauchzehen, gehackt
1,6 kg	geschälte Tomaten (Dosenware)
150 g	Tomatenmark
2	Peperoni (wenn möglich rot)
1 TL	Oregano, frisch
2 TL	Oregano, getrocknet
1 EL	Zucker
1	Limette
2 TL	Salz
1 EL	Honig
100 ml	Apfelsaft
100 ml	Rotwein, trocken

Gewürzpaprika, Olivenöl

- ■ Peperoni aufschneiden, entkernen und klein hacken, zusammen mit Zwiebeln und Knoblauch in einem kräftigen Löffel Olivenöl glasig anschwitzen.
- ■ Den Saft einer halben Limette und die restlichen Zutaten zugeben und bei mittlerer Stufe langsam ziehen lassen, bis die Tomaten auseinanderfallen und sich die Menge um ein Viertel reduziert.
- ■ Wer's praktisch mag, geht dann noch kurz mit dem Pürierstab durch, bis eine leichte Stückigkeit erreicht ist. Fertig.

Eignet sich für die Pizza und auch hervorragend als Basis für viele Pastagerichte, Bruscetta usw. Hierfür einfach noch mit reichlich gehacktem frischem Basilikum, Sardellen oder Chili nachwürzen. Daher machen wir gleich etwas mehr und lagern es in Marmeladengläsern oder in der Tiefkühltruhe.

SPAGHETTI CARBONARA

500 g	Spaghetti
200 g	italienischer Schinken (oder Bacon), grob gewürfelt
4	Eier
150 g	Parmesan / Grana Padano, frisch gerieben
150 ml	Sahne
50 g	Pecorino, frisch gerieben

Olivenöl, schwarzer Pfeffer aus der Mühle

- Spaghetti in Salzwasser mit 1 EL Olivenöl al dente kochen, abseihen, eine Tasse des Nudelwassers aufheben. Ich weiß, das ist absolut falsch, dennoch gebe ich hier 1 EL Olivenöl mit ins Nudelwasser.
- Eier, Sahne und Käse gleichmäßig verrühren, leicht salzen und pfeffern.
- Schinken in einer tiefen Pfanne mit etwas Olivenöl glasig anschwitzen, die Tasse Nudelwasser zugeben und aufkochen, die Spaghetti zugeben und umrühren, Flamme herunterdrehen, Eier-Käse-Creme unterheben, langsam weiterrühren, das Ei soll cremig werden, nicht stocken.
- Beim Servieren frisch geriebenen Parmesan und eine kräftige Prise frischen Pfeffer aus der Mühle auf die Pasta geben. Fertig.

Wenn nicht genug Käse vorhanden ist, könnt ihr die Eier-Käse-Creme auch mit Sahne strecken, statt des Olivenöls könnt ihr auch gesalzene Butter verwenden.

Gelingt immer. Schmeckt Groß und Klein. Dazu ein kräftiger Rotwein und im Hintergrund die gleichnamige Nummer von Spliff und der Abend fühlt sich nach Urlaub an.

TAGLIATELLE MIT
LIMONEN-BASILIKUM (VEG)

VEGETARISCH, SCHNELL GEMACHT, ERFRISCHEND LECKER. EIN TOLLES GERICHT FÜR EINEN LAUEN SOMMERABEND IN BEGLEITUNG EINES FRISCHEN ROSÉWEINES.

500 g	Tagliatelle
1	Zitrone
1	Limette
1 ½ Bund	Basilikum
0,1 l	Weißwein, trocken
250 ml	Sahne
1 EL	Butter
1 EL	Olivenöl
50 g	geriebener Parmesan
evtl. 15 g	Pinienkerne, frisch geröstet

Parmesan, Salz, Pfeffer

- Pasta in kräftig gesalzenem Wasser al dente kochen.
- Währenddessen Butter und Olivenöl in der Pfanne erhitzen, etwas Zitronen- & Limettenabrieb und den Saft der Limette dazugeben, leicht aufkochen, Sahne, Wein und gehacktes Basilikum zugeben, kurz aufkochen, Herd etwas herunterdrehen, Parmesan unterheben, vorsichtig ziehen lassen, nicht mehr richtig kochen lassen. Wenn der Parmesan aufgelöst ist, mit Salz & Pfeffer abschmecken.
- Die fertig gekochten Nudeln einfach mit der Kochzange in die Sauce legen, hierbei darf auch gerne ein wenig Nudelwasser mitkommen. Kräftig umrühren.
- Auf den Tellern anrichten, etwas Zitronenabrieb, frisch gehobelten Parmesan und frisch gemahlenen Pfeffer darübergeben. Fertig.

Wer mag, kann auch gerne noch ein paar frisch geröstete Pinienkerne darübergeben.

SPAGHETTI VONGOLE

SO EINFACH, SO SCHNELL, SO LECKER. WIE BEIM GUTEN ITALIENER!

1 kg	kleine Venusmuscheln, frisch!
3–5	Knoblauchzehen
1 Bund	Petersilie, am besten glatt
6–8	Cocktailtomaten, klein
400 g	Spaghetti
½	Zwiebel
150–200 ml	Weißwein, trocken

Olivenöl, Salz, Pfeffer aus der Mühle, Zitrone

- Die Muscheln müssen ordentlich gereinigt werden. Entweder mühsam, ausgiebig und penibel von Hand waschen oder einfach 2 Stunden im Waschbecken in kaltem Wasser wässern, mit dem großen Nudelsieb ausheben, einmal mit kaltem Wasser abspritzen und es kann losgehen.
- Knoblauch schälen, zerdrücken und klein schneiden, parallel Nudelwasser aufsetzen, Olivenöl in einer tiefen Pfanne erhitzen, Knoblauch und Muscheln zugeben und Deckel auf die Pfanne. 6–8 Minuten, dabei die Muscheln wenden.
- Mittlerweile sollte das Nudelwasser kochen, Spaghetti zugeben.
- Zwiebel kleinhacken, Tomaten vierteln, beides zu den Muscheln geben und aufkochen lassen. Nun den Wein zugeben und aufkochen lassen. Petersilie hacken und unterheben. Nicht geöffnete Muscheln rausnehmen, die sind im Regelfall schlecht.
- Je nach Belieben mit etwas Salz und auch noch mit einem kleinem Stück Butter verfeinern. Beim Servieren erst eine schöne Portion Spaghetti in den Teller, dann die Muscheln mit der Sauce, etwas Zitronenschalenabrieb und eine Prise frisch gemahlener Pfeffer. Fertig.

Es ist einfach erstaunlich, wie schnell und einfach ein absolut hochwertiges Gericht sprichwörtlich gezaubert werden kann. Die Kochzeit der Pasta reicht dem halbwegs geübten Koch ganz entspannt zur Zubereitung der Sauce.

Eine deutsche Unart ist, Spaghetti Vongole mit Parmesan zu essen. Machen Sie das auf keinen Fall in einem italienischen Restaurant. Obwohl ich Parmesan liebe, haben die Italiener einfach recht: Bei Meeresfrüchten überlagert er den feinen Geschmack.

DJANE MAIBA

Die deutsch-chilenische Künstlerin MAIBA ist ein Multitalent und macht seit langer Zeit Musik. Neben ihrer Tätigkeit als DJ ist sie auch Songwriterin, spielt Klavier und hat eine Gesangsausbildung. Sie beschreibt ihren Sound als „Glam House", eine edle Mischung aus Disco, Dance-Pop und House. Ihre Musik lässt sich als zeitlos beschreiben und verbindet Ibiza Vibes mit Disco-Elementen und 90er-Jahre-Synthesizer. Was auch immer ihr Publikum gerade durchmacht, MAIBAs Musik sorgt dafür, dass man sich glamourös fühlt und den Moment genießt. 2015 gründete sie ihr eigenes Label „more than talent records", um auf unabhängige Weise ihre Musik veröffentlichen zu können und um andere Frauen im Musikbusiness zu inspirieren, sich ebenfalls selbständig zu machen. Kurz darauf feierte sie bereits mit einigen Tracks Top-Ten-Erfolge in den Dance-Charts von England und der Schweiz. Neben der Musik hat sie ein Händchen für Fashion und Style und wird dadurch auch als Moderatorin oder DJ für Fashion Shows gebucht. Obwohl sie einen Healthy Lifestyle pflegt, ist sie der Meinung, dass man sich auch den Genüssen des Lebens hingeben darf. Ganz nach dem Motto „A little party never killed nobody" heizt sie daher den Dancefloor auf und liefert hier auch gleich noch ihren Ultra-Partykracher mit, den „Party-Nudelsalat" – wohl bekommt's!

MAIBAS PARTY-NUDELSALAT (VEG)

EIN ERFRISCHEND LOCKER-LECKERES REZEPT
VON UNSERER LIEBLINGS-DJANE MAIBA.

125 g	Hörnchennudeln
75 g	mittelalter Gouda
1 Bund	Radieschen
1/4	Gurke
4	Gewürzgürkchen
2 EL	Mais
1/2 Bund	Schnittlauch
1–2 EL	Mayonnaise
1–2 EL	Joghurt
2 EL	Sonnenblumenöl
2 EL	Apfelessig oder weißer Balsamico

Pfeffer, Salz, Dill nach Belieben

- Nudeln in Salzwasser gar kochen, abschrecken, abtropfen lassen.
- Gemüse waschen, Gurke schälen. Gurke, Gewürzgürkchen, Radieschen in kleine Würfel schneiden.
- Schinken und Käse in kl. Würfel schneiden. Alle Zutaten zusammen mit Mais und Nudeln in eine große Schüssel geben.
- Mayo, Joghurt, Essig, Salz, Pfeffer, gehackte Kräuter verrühren und damit den Nudelsalat durchmischen und durchziehen lassen, Öl unter- rühren, abschmecken. Fertig.

GERARD CONNERS

Der „Gentleman of the Blues" ist Musiker & Autor und kommt aus der Blues-Stadt St. Louis, Missouri. Gerard spielte Saxophon und Klarinette in seiner High School Marching Band und später mit den Musikkorps als Berufsmusiker in Fort Lee, Virginia. Er unterrichtet Saxophon, Klarinette, Querflöte und Mundharmonika und gibt ebenso Workshops. Gerard ist derzeit einer der gefragtesten Sideman der europäischen Jazz- & Blues-Szene und wirkte an zahlreichen Studioproduktionen und TV-Shows, wie zum Beispiel beim Bayerischen Rundfunk und der Dedo Weigert Film GmbH, mit. Ihn und seine Blues-Band können Sie regelmäßig im Jazz Club Unterfahrt, im Park Café und im Bayerischer Hof live erleben.

BLACK-EYED
PEA SUPPE

VIER TOLLE SOUL FOOD REZEPTE VON GERARD
CONNERS. EIN GRANDIOSER MUSIKER AUS ST.
LOUIS, MISSOURI, USA, DER UNS REGELMÄSSIG
MIT SEINEM „CIRCLE OF FRIENDS" NEW URBAN
JAZZ, FUNK, SMOOTH JAZZ, SOULFUL POP UND
URBAN BALLADS BEGEISTERT!

2	geräucherte Schweinshaxen
5 l	Wasser
300 g	getrocknete Schwarzaugenbohnen
1	Zwiebel, groß, gehackt
1	Staudensellerie, gehackt
½ TL	Meersalz
½ TL	Pfeffer aus der Mühle

- Die Haxen mit klarem Wasser abwaschen, in einem großen gusseisernen Topf im Wasser köcheln, die Bohnen ebenso in klarem Wasser waschen, ablaufen lassen und für 45 Minuten in einer Schüssel Wasser quellen lassen, danach abseihen und die Bohnen mit den Zwiebeln und dem Sellerie in einen weiteren Topf geben, 3 Stunden köcheln lassen, dabei immer wieder umrühren.

- Die Haxen herausnehmen und das Fett und die Knochen auslösen. Das Fleisch würfeln und zu den Bohnen geben, mit Gefühl salzen und pfeffern. Weiterkochen, bis die Bohnen anfangen, die Suppe zu binden. Zum Anrichten mit Sellerieblättern garnieren. Fertig.

Eventuell einen Schuss Apfelessig zugeben.

KOHLGEMÜSE
MIT SCHWEINENACKEN

ST. LOUIS, MISSOURI

„THE GATEWAY CITY", DIREKT AM MISSISSIPPI GELEGEN, VERDANKT IHREN SPITZNAMEN DEM GIGANTISCHEN GATEWAY ARCH, EINEM ÜBER 190 METER LANGEN BEGEHBAREN BOGEN, DER ZUM GEDENKEN AN ZAHLREICHE EXPEDITIONEN UND DER BESIEDLUNG DES WESTENS ERBAUT WURDE. IN ST. LOUIS TRIFFT EINE BUNTE MISCHUNG VON KULTUREN UND LEBENSARTEN AUFEINANDER. MUSIKALISCH HAT DIE STADT VIEL ZU BIETEN, JAZZGRÖSSEN WIE CLARK TERRY, MILES DAVIS UND OLIVER NELSON WUCHSEN HIER AUF, ABER AUCH ROCK 'N' ROLL-LEGENDEN WIE CHUCK BERRY, IKE UND TINA TURNER. KULINARISCH GEHT ES HIER LECKER UND GERNE AUCH DEFTIG ZU. „YUMMY" UND GERNE AUCH MAL MIT ETWAS MEHR BUTTER UND ZUCKER WERDEN EINFACHE ZUTATEN KOMBINIERT UND SOMIT RAFFINIERTE SOUL FOOD-GERICHTE ZUBEREITET.

½ kg	Schweinehals
1 kg	Kohlrabi-Blätter
1	Schwarte vom Räucherschinken

Tabasco, Öl, Essig, Meersalz, gemahlener Pfeffer

- Schweinehals in Scheiben schneiden, in einem großen schweren Topf mit etwas Öl gut anbraten. Schinkenschwarte mitbraten.

- Kohlrabi-Blätter gut waschen und die großen Stiele entfernen. Die Blätter in Streifen schneiden und zum Fleisch geben, salzen und pfeffern und etwas Essig zugeben.

- Mit ca. 500 ml Wasser aufgießen und mindestens eine Stunde lang langsam schmoren und zum Schluss vorsichtig mit Tabasco abschmecken. Fertig.

MAISBROT

375 g	Maismehl
125 g	Weizenmehl
1 Pckg	Backpulver
150 g	Zucker
2 TL	Salz
4	Eier
225 g	Butter
3/8 l	Milch

- Alle Zutaten bis auf Milch und Butter in einer Schüssel verrühren.
- Butter schmelzen, abkühlen lassen und mit der Milch in den Teig rühren.
- In eine gefettete Form geben und bei 180 °C ca. 20–25 Minuten goldgelb backen. Fertig.

WELS IN DER HECKE

2	Welsfilets, frisch
1 l	Wasser
2	Lorbeerblätter
75 ml	weißer Balsamico
1	Rote Beete
2	Karotten
1	mittelgroße Yamswurzel, alternativ Süßkartoffel
1 TL	Thymian
1	Knoblauchzehe

Olivenöl, Meersalz, Pfeffer aus der Mühle

- Yams schälen und vorkochen, abkühlen lassen und in Würfel schneiden.
- Karotten und Rote Beete schälen und in Würfel schneiden.
- Knoblauch zerdrücken und zusammen mit allen Würfeln in eine Auflaufform geben und mit etwas Olivenöl übergießen. Mit Salz, Pfeffer und Thymian würzen und ca. 25 Minuten bei 180 °C im Ofen backen. In einem breiten Topf das Wasser zum Sieden erhitzen, Lorbeerblätter, etwas Salz und Essig zugeben.
- Die Welsfilets darin etwa 10 Minuten pochieren. Den fertigen Fisch salzen und pfeffern und auf dem Gemüse servieren. Fertig.

MÜNCHEN
und seine
Biergärten

Biergarten am Chinesischen Turm

Ein Leben ohne Biergarten ist in München nicht denkbar. Außerhalb Münchens und Bayerns wird das Prinzip Biergarten meist kreativ ausgelegt, Serviceterrassen und Freischankflächen werden so bezeichnet. Das widerspricht dem Münchner Gedanken. Ein Biergarten nach Münchner Vorbild muss 5 Punkte erfüllen: Kiesboden, Kastanienbepflanzung, klassische Bierbänke, Selbstbedienungs-Ausschank in Maßkrügen und den Gästen ist es ausdrücklich erlaubt, Speisen mitzubringen. Alles andere ist nach Münchner Selbstverständnis maximal ein Wirtsgarten.

Die Rechtsgrundlage hierfür stammt von 1812.

In München wurde zumeist untergäriges Bier getrunken. Da hier beim Gärprozess Temperaturen zwischen 4 und 8 °C benötigt werden, wurde es nur in den kühlen Monaten gebraut. 1539 wurde in der bayerischen Brauordnung sogar per Dekret durch Herzog Albrecht V. (1550–1579) von Bayern festgeschrieben, dass nur in der Zeit vom 29. September, dem Feiertag des Heiligen Michael, bis zum 23. April, dem Feiertag des Heiligen Georg, Bier gebraut werden durfte.

Da die Münchner aber ganzjährig Bier trinken wollten, richteten die Brauereien riesige Lagerkeller ein. Diese wurden mit Eisblöcken, die im Winter aus den umliegenden Seen und zum Teil sogar aus der Alpenregion geschlagen wurden, gekühlt. Zur besseren Isolation der Keller haben die Brauer über den Kellern dicke Kiesschichten aufgeschüttet und schnell wachsende Kastanien mit ihrem dichten Blätterdach als Schattenspender gepflanzt.

Die Münchner kauften damals das Bier gerne direkt bei den Brauereien, brachten die eigenen Krüge mit und ließen sich diese für zuhause füllen. Der ein oder andere nahm unter den Kastanien Platz und genoss sein Bier direkt vor Ort. Die Brauereien sahen die Möglichkeit, ihr Bier direkt am Produktionsstandort günstig verkaufen zu können, stellten einfache Tische unter die Kastanien und erfanden so den Münchner Biergarten.

Den ortsansässigen Gastronomen war diese neue Konkurrenz nicht recht. Also traten sie an Bayern-König Ludwig I. heran und erwirkten die erste Bayerische Biergartenverordnung vom 4. Januar 1812. Diese erlaubt es den Brauereien lediglich in den Monaten Juni bis September, Bier und Brot vor Ort anzubieten, die Zubereitung von Speisen wurde ihnen aber ausdrücklich untersagt.

Bis in die heutige Zeit wird diese Tradition gehegt und gepflegt. 1995 musste der Münchner Traditionsbiergarten Waldwirtschaft in Pullach lärmschutzbedingt seine Sperrstunde auf 21:30 Uhr vorverlegen. Der „Verein zur Einhaltung der Münchner Biergartengemütlichkeit" ging auf die Barrikaden und so versammelten sich am 12. Mai 1995 mehr als 25.000 Demonstranten auf der Münchner Ludwigstraße, um für ihre Freiheit, bis abends in einem Biergarten sitzen zu dürfen, zu kämpfen. Bereits eine Woche später erließ die Bayerische Staatsregierung die Bayerische Biergartenverordnung.

Am 20. April 1999 wurde die aktuelle Version der Bayerischen Biergartenverordnung erlassen und bildet nach wie vor die Grundlage für einen echten Münchner Biergarten.

In einem Biergarten geht es rustikal zu, man rutscht zusammen, trinkt langsam und gemütlich, es geht kulinarisch einfach und rustikal zu: Große Brezen, cremiger Obazda, grobe Bratwurst, knusprige Schweinshaxe, Hähnchen vom Grill und der obligatorische geräucherte Steckerlfisch bestimmen das Bild. Diese Einfachheit und Gelassenheit sind das Erfolgsgeheimnis und der Grund für Millionen Touristen, alljährlich München zu besuchen.

DER CHINESISCHE TURM

Im Herzen des Englischen Gartens in München thront der Chinesische Turm. Der 25 Meter hohe Holzbau im Stil einer Pagode wurde 1790 erbaut und ist eines der symbolträchtigsten Wahrzeichen der Stadt.

Rund um den Turm findet sich einer der bekanntesten und beliebtesten Biergärten der ganzen Region – manche sagen sogar der ganzen Welt. Auf den 7.000 Plätzen treffen sich Münchner und Gäste aus aller Welt, um Schmankerl zu genießen und an Wochenenden der bayrischen Blasmusikkapelle zuzuhören, die im Obergeschoss des Turms aufspielt.

Einmal im Jahr strömen Tausende von Münchnerinnen und Münchner schon vor Tagesanbruch zum „Turm", um am legendären Kocherlball teilzunehmen. Ein Brauch aus der Zeit der Mägde, Dienstboten und Diener, welche früher nur in den Morgenstunden feiern konnten, wenn ihre Arbeitgeber noch schliefen. Heute werfen sich die Münchnerinnen und Münchner in ihre schönsten Trachten und tanzen zünftige Volkstänze von sechs bis zehn Uhr am Morgen.

Seit über 40 Jahren wird der Biergarten am Chinesischen Turm von der Familie Haberl geführt, die in zweiter Generation auch das Oktoberfestzelt „Ochsenbraterei" und weitere Biergärten und Restaurants in München und im Umland zu Genussorten macht. Der Gründer, Gastronomielegende Hermann Haberl, war nicht nur ein großartiger Wirt und Gastgeber, er war vor allem auch bei seinen Kollegen für seinen charmanten Humor geschätzt.

So wurde Hermann Haberl während einer Wiesn im benachbarten Bierzelt vom dortigen Wirt mit der Frage begrüßt, ob denn sein Zelt leer sei, oder warum er denn hier sitze – und Haberl antwortete trocken: „Lieber versitze ich doch die Plätze bei dir im Zelt, dann haben meine Gäste mehr Platz."

Ebenso hat er die Tradition des Ochsengrillens in München wiederaufleben lassen: Der Ochsenbraten in Rotweinsoße („Ochsenbraterei Klassiker") und die Ochsensemmel sind weit über München hinaus bekannt – und seit dem Jahr 2020 auch einer der vielen Gründe, immer wieder zum „Turm" zu gehen: Denn dort gibt es im Sommer die Ochsenbraterei-Spezialitäten auch im Biergarten!

Hermann Haberl war 2007 Gast bei der Park Café-Eröffnungsparty und beschrieb uns als „junge, sympathische Wirtsleut' mit einer guten Idee". Eine Auszeichnung und Wertschätzung, die mich immer noch sehr stolz und glücklich macht. Mit seiner Tochter und Wirtskollegin Antje Schneider arbeiten wir oftmals zusammen, führen gerne lange und zum Teil sehr lustige Branchengespräche und genießen dabei die Freuden der bayerischen Wirtshauskultur.

Ich bin sehr glücklich, hier das Originalrezept für den berühmten Ochsenbraten der Haberl-Familie präsentieren zu dürfen.

Zu Besuch bei der Wirtin vom „Turm", Antje Schneider

OCHSENBRATEN (BÜRGERMEISTERSTÜCK) IN ROTWEINSOSSE

IN MÜNCHEN EINFACH NUR „DER OX". DA WIR UNS IM REGELFALL JA EHER SCHWERTUN, BEIM METZGER MAL SCHNELL EINEN GANZEN OCHSEN ZU BESTELLEN UND DER HEIMISCHE HERD WOHL AUCH AN SEINE KAPAZITÄTSGRENZEN STOSSEN WÜRDE, NEHMEN WIR HIER NUR HERMANN HABERLS LIEBLINGSSTÜCK VOM OCHSEN. DAS GIBT'S BEIM GUTEN METZGER AUF VORBESTELLUNG.

Hermann Haberl

1,5 kg	marmoriertes Bürgermeisterstück
250 g	Zwiebel, geschält, gewürfelt
200 g	gewürfeltes, gemischtes Röstgemüse: Karotten, Petersilienwurzeln, Pastinaken, Lauch, Zwiebel, wer mag, kann auch Sellerie dazu nehmen
300 ml	Ochsenbrühe (alternativ Rinderbrühe, zur Not Gemüsebrühe)
200 ml	kräftiger Rotwein
1 kleiner EL	Tomatenmark
1 EL	Rotweinessig
2–3 Zweige	Blatt-Petersilie
3 Zweige	Thymian
1	Lorbeerblatt
30 g	Butter
1 kleines Stück	Meerrettichwurzel, geraspelt (ca. 30 g)
1 Msp	Kümmel, gemahlen
300 g	Fleischknochen, walnussgroß, gehackt
100 g	Ochsenmarkknochen

Sonnenblumenöl, Salz, schwarzer Pfeffer aus der Mühle, Mehl zum Bestäuben

■ Ochsen-Bürgermeisterstück mit Salz und Pfeffer würzen, mit Mehl leicht bestäuben und in einem Bräter mit wenig Öl ca. 10 Minuten gleichmäßig anbraten, das Fleisch herausnehmen, restliches Bratfett abgießen.

■ Butter im Bräter erhitzen und die Fleischknochen, Röstgemüse sowie Zwiebeln kräftig anbraten. Das Tomatenmark einrühren, rösten und mit jeweils etwa 50 ml Rotwein ablöschen, den Wein einkochen lassen.

■ Das Fleisch wieder in den Bräter geben und den Bratensatz in weiteren 3–4 Schritten mit dem restlichen Wein ablöschen. Diesen jeweils einkochen lassen, bevor die nächste Portion zugegossen wird.

■ Zum Schluss mit der Ochsenbrühe und dem Rotweinessig angießen, die Kräuterzweige zusammenbinden und zufügen. Das Bürgermeisterstück in den vorgeheizten Backofen stellen, bei 165 °C Ober- und Unterhitze. Das Fleisch braucht ca. 2–2,5 Stunden Garzeit, sobald der Fleischsaft dicklich wird, mit etwas Ochsenbrühe angießen.

- Nach dem Ende der Garzeit das Fleisch herausnehmen und zur Seite stellen, die Markknochen in die Schmorsoße mit den verschiedenen Gewürzen geben und nochmals leicht köcheln lassen, so dass sich die Gewürze und die Kraft der Markknochen entfalten können.
- Danach nur noch abschmecken und durch ein feines Sieb passieren. Fertig.

Die Original Wiesn-Beilage ist ein niederbayerischer Kartoffelsalat mit krossen Speckkrusteln.

Kleine Blattsalatgarnitur – mit wenig Salatsauce benetzen: Eissalat, Radiccio, Tomate, Feldsalat.

Alternativ schmeckt auch ein Serviettenknödel köstlich als Beilage.

Tipp:
Zur weiteren Verfeinerung der Ochsensoße kurz vor dem Servieren mit 1 EL weicher Butter verfeinern, frischen Thymian und Estragon in die Sauce geben und ca. 3–5 Minuten ziehen lassen.

Küchenchef Richard Lindermeier beim Abschmecken der Sauce

RAHMSCHWAMMERL (VEG)

AM „TURM" GIBT'S AUCH WUNDERBA-
RE FLEISCHLOSE GERICHTE. WEIL'S SO GUT
SCHMECKT, MACHEN WIR GLEICH GENUG
FÜR 8 PERSONEN – UND WENN ETWAS ÜBRIG
BLEIBT: MAN KANN RAHMSCHWAMMERL AUCH
PERFEKT EINFRIEREN!

1,2 kg	gemischte Pilze: Egerlinge, Champignon und je nach Saison Pfifferlinge und Steinpilze
3 EL	Butter
4 EL	glatte Petersilie, frisch gehackt
4 EL	Mehl
½ l	Weißwein, trocken
½ l	Brühe
400 ml	Sahne

Pfeffer weiß, frisch gemahlen, Salz, ein Hauch
Knoblauch, wenig Zitrone, Crème fraîche zum
Verfeinern

- Die Pilze sauber putzen, größere Pilze halbieren oder vierteln, kleine Pilze ganz lassen.
- Zwiebel kleinhacken. 2 EL Butter in einem Topf zergehen lassen, die Zwiebeln und Pilze darin ca. 10–15 Minuten dünsten. Mit Salz und Pfeffer würzen.
- Restliche Butter in einer Pfanne schmelzen, Mehl unterrühren, Sahne und Brühe angießen, einen Spritzer Zitronensaft unterrühren und glatt rühren – es dürfen keine Klumpen entstehen.
- Nach Gusto einen Hauch Knoblauch und nach Bedarf Salz zugeben.
- Die Mehlschwitze unter ständigem Rühren in den Topf mit den Pilzen gießen. Gegebenenfalls nochmals nachwürzen und mit der Crème fraîche verfeinern.
- Zum Servieren frisch gehackte Petersilie darüberstreuen. Fertig.

Dazu passt einfach ein Semmelknödel, ich esse
auch gerne einfach eine dicke Scheibe frisches
Bauernbrot dazu. Dazu ein Glas kräftiger Weißwein oder ein eiskaltes Bier, und ich bin in meiner Wohlfühlzone.

WURSTSALAT

350 g	Fleischwurst
1	Zwiebel
2–5	Cornichons, kleine Essiggurken
1	Gemüsepaprika
evtl. 100 g	Edamer, in Streifen
evtl. 6–8	Cocktailtomaten
1 TL	Senf, mittelscharf
1 TL	Aprikosenmarmelade
1 EL	Olivenöl
2 EL	neutrales Öl
2 EL	Essig (Apfel oder weißer Balsamico)

Schnittlauch, Salz, Pfeffer, Paprikapulver edelsüß, Zucker

- Wurst in Scheiben oder Stifte schneiden, Zwiebel schälen und in feine Ringe schneiden, Gemüse-paprika in kleine Streifen schneiden, Cocktailtoma-ten vierteln, Cornichons in kleine Würfel hacken, alles zusammen in eine große Schüssel geben.
- Für die Marinade: Marmelade, Senf, Olivenöl, neutrales Öl, Essig, eine Prise Zucker, Paprika-pulver, kräftig Salz und Pfeffer und etwas kaltes Wasser verrühren. Über den Wurstsalat geben, Schnittlauch kleinhacken und darüberstreuen, alles unterheben und mindestens 30 Minuten zugedeckt stehen lassen. Fertig.

Dazu ofenfrische Brezen oder ein kräftiges Bauernbrot mit Butter und fertig ist die perfekte Brotzeit für einen Sommerabend. Lässt sich auch hervorragend in Isobe-hältern transportieren und zum Picknick oder Ausflug mitnehmen. Gabeln nicht vergessen.

CHICKEN FINGERS DE LUXE

EINZIGARTIG. KEIN VERGLEICH ZU FAST FOOD NUGGETS.

3	Hähnchenbrüste
1 Schale	Cornflakes
50 g	Panko
3	Eier
50 ml	Buttermilch
evtl. 30 g	Parmesan

Mehl, Rosenpaprika, Salz, Thymian (wenn möglich frisch), Butter, Backpapier

- Backrohr auf 175 °C Umluft vorheizen, Hähnchenbrust in daumengroße Stücke schneiden und in Mehl wälzen.
- Ei mit der Buttermilch verrühren.
- Cornflakes (fein) zerbröseln, mit Panko und gehacktem Thymian in eine breite Schale geben, mit Rosenparika, Salz (nach Gusto noch etwas geriebenem Parmesan) vermischen. Butter in der Mikrowelle verflüssigen.
- Das mehlierte Hähnchen in der Ei-Buttermilch wälzen und dann durch die Knusperpanade ziehen. Auf dem Backblech gleichmäßig verteilen.
- Etwas flüssige Butter auf die einzelnen Nuggets träufeln und ab in den Ofen. Ab und an etwas Butter nachträufeln, nach 15 Minuten wenden, noch mal 10–15 Minuten auf der Rückseite finishen, zwischendurch noch mal etwas Butter aufträufeln. Fertig.

Dazu passt Sour Cream, mexikanische Salsa, Thai Chili Dip, Guacamole. Nach Lust und Laune könnt ihr statt der Cornflakes auch Flakes aus Tortilla Chips verwenden, Chili Flocken mit in die Panade raspeln, zur Ei-Buttermilch könnt Ihr auch Honig oder mittelscharfen Senf geben, hier könnt ihr der Kreativität freien Lauf lassen. Da in jeder Tüte Cornflakes am Ende immer die Brösel am Boden der Tüte liegen bleiben, hebe ich diese immer wieder auf, um dann genug für einen Chicken Finger-Abend zu haben.

CHICKEN FAJITAS

3	Hähnchenbrüste
½	Zwiebel
2	Frühlingzwiebeln
1	Knoblauchzehe
1	Paprika
6–8	Cocktail-Kirschtomaten
1 Bund	Koriander (frisch)
1	Limette
50 g	Butter
6	Weizentortillas
ca. 100 g	geriebener Käse
½	Eisbergsalat
200 g	Sour Cream
1 Glas	Mexican Salsa, Tortilla Dip …
1	Zip-Lock-Beutel

Olivenöl, Thymian, Rosenpaprika, Kreuzkümmel, Koriander-Gewürz, Chili, Salz, Pfeffer

- Hähnchen waschen und trocken tupfen, in gleichmäßige kleine Streifen schneiden, mit etwas Olivenöl, Limettenabrieb, Thymian, Salz, Pfeffer, Chili, der zerdrückten Knoblauchzehe in ein Zip-Lock-Beutel geben und mind. 2 Stunden marinieren. Zwiebel in Ringe schneiden, Frühlingszwiebel in kleine Ringe schneiden, Tomaten vierteln.

- In einer tiefen Pfanne etwas Olivenöl erhitzen, Hähnchenbrust mitsamt der Marinade, den Frühlingzwiebeln und Chili nach Bedarf scharf anbraten. Wenn das Hähnchen Farbe angenommen hat, Paprika und Zwiebeln zugeben, Herd schwächer drehen, Deckel aufsetzen und immer wieder wenden.

- Mit Koriandergewürz, Kreuzkümmel, Salz, Pfeffer, Chili würzen. Wenn die Zwiebeln glasig sind, Herd auf Minimalstellung, Cocktailkirschen, Limettenabrieb und Butter unterheben. Bei geschlossenem Deckel stehenlassen.

- Eisbergsalat in Streifen schneiden. Frischen Koriander hacken.

- Die Tortillas im Beutel wellenförmig bewegen vor dem Herausnehmen. Danach in der trockenen, beschichteten Pfanne oder auf dem Grill bei großer Hitze beidseitig kurz anbraten, bis auf der Oberseite Bläschen entstehen und auf der Unterseite gleichmäßige Röstmuster. Auf einem vorgewärmten Teller mit einem sauberen Küchentuch zugedeckt zur Seite stellen. Fertig.

Einfach nach Geschmack mit Käse, frischem Koriander, Salat, Dips & einem Spritzer frischen Limettensaft in die warme Tortilla einwickeln, je nach Lust und Laune direkt essen oder vorher nochmal auf dem Grill oder im Sandwich-Grill kurz erhitzen.

Fajitas eignen sich auch gut, um Reste zu verarbeiten, weißer Reis vom Vortag, Obstschnitten, aufgeschnittener Schinken, gekochtes Gemüse … einfach erwärmen, mit der Füllung in die Tortilla einwickeln und genießen.

HÄHNCHENSCHENKEL
PANASIAN STYLE AUS DEM OFEN

DIESES GERICHT MACHT SICH FAST VON AL-LEIN. GENUG ZEIT, UM WÄHREND DER ZUBE-REITUNG EINEN APERITIF EINZUNEHMEN ODER WÄHRENDDESSEN EINE NETTE VORSPEISE ZU GENIESSEN.

4	Hähnchenschenkel
2	Karotten
1	Süßkartoffel
2	Limetten
5–8 EL	Erdnussöl
½	große Zwiebel, geviertelt
4 EL	Olivenöl
1 TL	Rosenpaprika
1 TL	Kreuzkümmel
1 TL	Thymian
80–100 g	Cashewkerne
200 ml	Kokosmilch
1	Zip-Lock-Beutel

Salz, Pfeffer, Chili, Cayennepfeffer

- Hähnchenschenkel in einen großen Zip-Lock-Beutel geben, Erdnußöl, Kreuzkümmel, Thymian, Rosenpaprika, großzügig Salz & Pfeffer dazugeben, eine Limette in Scheiben schneiden und dazugeben. Den Saft einer halben Limette dazugeben. Wer es süß-scharf will, kann gerne noch Chilipulver oder Cayennepfeffer dazugeben. Den Beutel verschließen und die Zutaten darin massieren, so dass sich die Gewürze überall gleichmäßig verteilen. Mindestens 3 Stunden im Kühlschrank marinieren lassen.

- Süßkartoffel & Karotten schälen und in daumengroße Stücke schneiden. Einen ofenfesten Bräter kräftig mit Olivenöl ausgießen, Zwiebel und die Karotten- & Süßkartoffelstücke darin wälzen und kräftig salzen. Die Hähnchenschenkel mit der Marinade darübergeben und gleichmäßig verteilen. Den Bräter in den vorgeheizten Ofen bei 200 °C ca. 50–60 Minuten garen.

- Hähnchenschenkel zweimal wenden, nach ca. 45 Minuten die Cashewkerne und die Kokosmilch einfach darübergeben. Wenn die Hähnchenschenkel eine Kerntemperatur von 100 °C haben, herausnehmen, die Sauce kurz umrühren. Fertig.

Sollten die vorhandenen Beilagen nicht ausreichen, passt dazu Basmati Reis, Naan Brot oder ein frischer Salat.

MANGO CHICKEN

FRUCHT & GEFLÜGEL GEHT IMMER.

500 g	Hähnchenbrüste
1	Zwiebel
1 Dose	Kokosmilch
2	gekochte Kartoffeln, geschält und in Scheiben geschnitten
3	Knoblauchzehen
1 Dose	Mango
1	frische Mango
2 EL	Tomatenmark
50 ml	Sahne oder Crème fraîche
1 Tasse	Reis

frischer Koriander, Currypaste (oder Tikka Masala oder ganz wenig Sriracha), Koriander-Gewürz, Kurkuma, Safran-Öl, Safran, Curry, Butter

- Eine Tasse Reis mit 2 Tassen Wasser und etwas Safran in einen Topf geben und ohne Deckel zum Kochen bringen. Wenn das Wasser verdampft ist, ist der Reis perfekt, vom Herd nehmen und zur Seite stellen.

- Zwiebel schälen und hacken, Hähnchenbrust in fingergroße Streifen schneiden und in der Pfanne mit etwas Öl (gerne Sesam- oder Erdnussöl, kein Olivenöl) scharf anbraten, dabei mit einer Prise Kurkuma würzen, wenn das Hähnchen schön angebräunt ist, aus der Pfanne nehmen und beiseite stellen.

- Jetzt ein Stück Butter und die Zwiebel in die Pfanne geben, Knoblauch hineinpressen, mit Koriandergewürz, Curry und Kurkuma würzen, wenn die Zwiebeln schön glasig sind, Tomatenmark, Currypaste, Kokosmilch, Sahne, Dosenmango zugeben und auf mittlerer Stufe ein paar Minuten ziehen lassen. Die Dosenmango kann ruhig beim Umrühren zerfallen. Das Hähnchen wieder zugeben und mit ziehen lassen. Kartoffeln zugeben und mit ziehen lassen.

- Wenn die Soße schön cremig ist, die frische Mango schälen, würfeln und zugeben, mit Salz, Pfeffer, Kurkuma abschmecken. Nach Lust und Laune noch etwas Limettenschalenabrieb und Zucker zugeben. Beim Servieren etwas frisch gehackten Koriander darüberstreuen. Fertig.

Das Gericht funktioniert einfach durch die Kombination aus süßer Frucht und Geflügel. Ananas, Pfirsich, Mandarine und Putenbrust gehen auch.

MOSES WOLFF

Moses ist gebürtiger Münchner, Autor, Schauspieler und Komiker. Er schreibt regelmäßig für das Satiremagazin „Titanic" und ist Stammautor der erfolgreichen Münchner Lesebühne „Schwabinger Schaumschläger Show", Mitveranstalter der legendären Mixedshow „Humoristen im Park Café" sowie der „Lesebühne im Hugendubel". 2015 erhielt er den Schwabinger Kunstpreis. Gemeinsam mit Arnd Schimkat verfasste er den mit Christoph Maria Herbst in der Hauptrolle verfilmten Roman „Highway to Hellas". Er spielte gemeinsam mit Norbert Bürger den ersten Knecht in der Watzmann-Produktion des Deutschen Theaters und inszeniert jährlich ein neues Theaterstück. Im August 2020 erscheint sein neuer Roman „Liebe machen" bei Piper, im Herbst hat sein satirisches Theaterstück „Hänsel und Gretel – Erwachsenwerden im Wald" Premiere. Er kennt das Münchner Oktoberfest wie seine Westentasche und hat daher das erste vernünftige und vollständige Wiesnhandbuch „Ozapft is!" geschrieben. Nach Möglichkeit verbringt er jede freie Minute mit seinen Freunden, am liebsten auf der griechischen Kykladeninsel Ios. Moses Wolff wohnt in der Münchner Isarvorstadt.

KOTOPOULO LEMONATO – GRIECHISCHES ZITRONENHUHN

EIN REZEPT DES ALLROUND-KÜNSTLERS MOSES WOLFF.

1	vollständiges Huhn
1 kg	vorwiegend festkochende Kartoffeln
250 ml	Olivenöl
6	Bio-Zitronen
1 Bund	frischen Thymian
1 Zweig	frischen Rosmarin
2	Knoblauchzehen

Meersalz, frisch gemahlenen Pfeffer

- Zunächst rührt man aus Olivenöl, Thymian, Rosmarin, Salz, Pfeffer und dem Saft dreier Zitronen eine Marinade herbei. Schön lange rühren, damit die Marinade sämig wird. Dann pinselt man mit der Hälfte der Marinade das Huhn ein und lässt es eine Stunde einwirken.

- Den Ofen auf 180 °C vorheizen. Die Kartoffeln lässt man ungeschält und schneidet sie längs in Viertel. Die restlichen drei Zitronen schneidet man in dünne Scheiben, die Knoblauchzehen ebenfalls.

- Jetzt gibt man das Huhn in einen Topf, sticht die Haut an einigen Stellen ein, die Kartoffeln samt Knoblauch und Zitronenscheiben ringsherum dazulegen. Das Gericht 45 Minuten backen, immer wieder mit der restlichen Marinade bestreichen. Fertig.

Dazu reicht man einen griechischen Salat mit Gurken, Tomaten, schwarzen Oliven, Feta, Olivenöl und Zitrone. Am besten schmecken zum Kotopoulo Lemonato kühler Weißwein samt stillem Wasser.

BAYERISCHES BIERBRATL

700–900 g	Wammerl (Schweinebauch)
2	Zwiebeln
1	Süßkartoffel
2–3	Kartoffeln
3	große Karotten
1	Knoblauchzehe
3	Lorbeerblätter

Butter, Bier, Rotwein, Honig, Salz, Pfeffer, Thymian, Koriander, Sesam, Rohrzucker, Paprika edelsüß, Piment, Basilikum, etwas Mehl & Sahne für die Soße

- Schweinebauch kalt abspülen, mit der Hautseite nach unten in eine große Schale mit lauwarmem Wasser legen. Nur so viel Wasser nehmen, dass Haut und Fettschicht bedeckt sind. So wird die Kruste nachher perfekt.

- Zwiebel schälen, Kartoffeln und Süßkartoffel putzen, Karotten schälen und alles in etwa gleich große Stück schneiden. Im Bräter Butter schmelzen und das ganze Gemüse mit dem Knoblauch zusammen scharf anbraten. Etwas von der entstehenden Flüssigkeit in eine Schale geben, Bräter zur Seite stellen.

- Währenddessen die Gewürze und Kräuter anmischen, den Schweinebauch aus dem Wasser nehmen, abtrocknen, mit einem sehr scharfen Messer (Teppichmesser) die Hautoberfläche so

einritzen, dass ca. 1,5–2 cm lange Würfel entstehen. Das Fleisch oben in den Bräter legen. Die zur Seite gestellte Flüssigkeit mit ein bisschen Bier und Rotwein vermengen und gleichmäßig über das Fleisch geben, die Gewürzpaste auf allen Seiten an den Schweinebauch drücken, wenn davon was auf das Gemüse herunterfällt, ist das okay, gibt ja auch hier mehr Geschmack.

- Den Schweinebauch mit der Hautseite nach unten in den Ofen, bei ca. 170 °C Ober- / Unterhitze. Zwischendurch immer wieder mit der übrigen Flüssigkeit einpinseln.

- Nach ca. 45 Minuten das Fleisch umdrehen und Hautseite einpinseln, Bräter abdecken, am besten mit einem Glasdeckel, zur Not geht auch Alufolie. Nach ca. 30 Minuten Deckel abnehmen und Herd auf 190–200 °C einstellen. In den Rest der Flüssigkeit ein wenig Honig zugeben, Hautseite damit alle 7–10 Minuten bestreichen, nach insgesamt 30–40 Minuten sollte die Haut zu einer Knusperkruste geworden sein, der ausgetretene Saft hat das Gemüse gegart.

- Das Bratl und das Gemüse herausnehmen. Aus der Flüssigkeit lässt sich in wenigen Minuten mit einer Prise Mehl, einem Schluck Milch oder Sahne und gerne noch mit einem kräftigen Schluck Wein eine wunderbare Soße kochen. Fertig.

SIMPLES CHILI CON CARNE

SUPER EINFACH IN DER ZUBEREITUNG, ABER
SUPER LECKER!

1 kg	Rinderhack (am besten Entrecôte grob gewolft oder fein gewürfelt)
200 g	Bacon, gewürfelt
½	große Zwiebel
50 g	Butter
800 g	Kidneybohnen (Dosenware)
400 g	Tomaten, geschält, gewürfelt (Dosenware)
0,1 l	Rotwein, trocken
4 cl	Tequila
1	Chilischote
150 g	Maiskörner (Dosenware)

Jalapenos (im Glas), Rosenpaprika, Chilipulver, Salz, Pfeffer, Kreuzkümmel, Koriander (Gewürz)

- Speck in einen heißen Topf geben und leicht anbräunen, Zwiebel hacken und dazugeben, bis die Würfel glasig werden. Wenn der Speck dabei leicht anbrennt, ist das kein Problem, im Gegenteil, das bringt extra Röstaromen. Die Butter zugeben und schmelzen lassen, das Angebrannte vom Boden lösen. Wenn die Butter geschmolzen ist, den Herd etwas herunterdrehen und das Hackfleisch zugeben. Immer wieder rühren, bis das Hackfleisch durchgegart ist.

- Rotwein und je einen TL Chilipulver, Kreuzkümmel und Koriander zugeben, umrühren und ein paar Minuten ziehen lassen.

- Tomaten und Bohnen zugeben und unterheben, weiter auf mittlerer Stufe ziehen lassen. Zur Schärfe und für den mexikanischen Geschmack je nach Lust und Laune 2–10 cl der Flüssigkeit aus dem Glas mit Jalapenos zugeben, wer's brutal mag, auch gerne ein paar gehackte Jalapenos dazugeben. Vorsicht: Die Schärfe schlägt erst später richtig durch!

- Tequila und Mais zugeben, umrühren, mit Salz, Pfeffer, Rosenpaprika abschmecken und bei niedriger Flamme noch mal 20–40 Minuten ziehen lassen. Fertig.

Richtig lecker schmeckt das Chili leider erst am Folgetag. Egal, ob einfach so mit einem Klecks Sour Cream, zu Tortilla Chips, in Tortillas eingewickelt, mit Krautsalat, Käse … Es eignet sich auch hervorragend zum Eintuppern und Einfrieren. Eigentlich hat Speck in einem Chili con Carne nichts verloren. Mir ist das egal, ich denke, es schmeckt so einfach viel besser.

DR. HENRY WALTZ

Jahrgang 1939 – Mit sieben Jahren hat er seine erste Leidenschaft für das „Runde" erkannt und begonnen, Fußball zu spielen. Bis er seine Begeisterung für Trommeln und Becken erkannte und Schlagzeug lernte, dauerte es noch mehr als zehn Jahre. Als schon etwas fortgeschrittener Teenager, dessen Fußballtalent in der musischen Familie wenig Anerkennung fand, musste Henry regelmäßig mit der sehr klassikbegeisterten Familie – seine Schwester lernte Geige, sein Bruder Querflöte – in die Oper gehen. Einziger Trost waren zwei Mark, die Henry nach jedem Opernbesuch erhielt, wenn es ihm nicht gefallen hatte, bis sein Vater stutzig wurde, weil der Sohn dem dezidierten Nichtgefallen zum Trotz arienpfeifend durch die Wohnung lief. Kurz danach entdeckte Henry seine Leidenschaft für das Schlagzeug und den Jazz. Es folgten erste Auftritte und Wettbewerbsteilnahmen beispielsweise im Deutschen Theater. In den folgenden 60 Jahren hat er zunächst als Autodidakt, später als gelehriger Schüler der besten Münchner Schlagzeuglehrer in den verschiedensten Besetzungen – anfangs in den klassischen Dixie-, später auch in moderneren Swing- und Bebop-Formationen – in nahezu allen Bars, Jazzkneipen und Biergärten in München und im Umland gespielt, neben vielen Einzelveranstaltungen auch das Ayinger Jazzfestival initiiert und rund ein Jahrzehnt lang organisiert, und bei all diesen Gelegenheiten seine Zuhörer für den Jazz begeistert. Im Park Café spielt er seit der Eröffnung 2007 regelmäßig und mit großer Begeisterung in verschiedenen Konstellationen. Für die Kids unter seinen Fans und allen, die Spaß an Versen mit Hintersinn haben, hat er (Kinder-)Bücher über die Abenteuer von Paul Quappe geschrieben.

SCHARFES HUHN
FÜR ZWEI

EIN WUNDERBARES REZEPT VON PROF. DR. MAGDALENA PRITZL & DR. HENRY WALTZ, DIE BEIDEN GEHÖREN VON ANFANG AN ZUR PARK CAFÉ-FAMILY, OB MIT IHREN BÜCHERN UM DIE ABENTEUER VON PAUL QUAPPE ODER AUF DER BÜHNE MIT DEN BESTEN JAZZERN AUS MÜNCHEN UND OBERBAYERN. HIER DAS REZEPT FÜR IHR PRIVATES LEIBGERICHT.

2	Hähnchenbrüste ohne Haut
1–2 TL	Butterschmalz (oder anderes Bratfett, kein Öl!)
1–2 TL	Erös Pista (scharfe ungarische Paprikapaste)
½–1 Becher	Sahne (ein Teil der Sahne kann durch Crème Double ersetzt werden, dann wird die Sauce cremiger und dickflüssiger)

Salz, weißer Pfeffer, mildes Paprikapulver

- Hähnchenbrüste mit Salz, weißem Pfeffer und Paprikapulver würzen, in einer Pfanne im Butterschmalz gut anbraten, darauf achten, dass sie nicht zu viel Farbe kriegen, aus der Pfanne nehmen und warmstellen.
- Paprikapaste in der Pfanne im restlichen Bratfett kurz anrösten, mit Sahne ablöschen und zur gewünschten Konsistenz einkochen lassen (ggf. Creme Double einschwenken). Hähnchenbrüste zurück in die Pfanne geben und in der Sauce ziehen lassen. Fertig.

Dazu passt am besten selbstgemachtes Kartoffelpüree, Reis geht natürlich auch.

Chicken Tikka Masala

CHICKEN TIKKA MASALA

KLINGT UND SCHMECKT INDISCH, GIBT ES WELT-
WEIT IN FAST JEDEM INDISCHEN RESTAURANT,
ES IST ABER DIE ERFINDUNG EINES INDISCHEN
RESTAURANTS IN GROSSBRITANNIEN. HIER
WIRD ES OFT UND GERN ALS CTM ABGEKÜRZT.
IN INDIEN IST DAS GERICHT ABSOLUT UNBE-
KANNT. ABER ES IST EINFACH SO UNGLAUBLICH
LECKER! DIESE VERSION STAMMT VON EINEM
BARKEEPER AUS LONDON, MIT DEM ICH MIT-
TE DER 90ER-JAHRE ZUSAMMENGEARBEITET
HABE.

500 g	Hähnchenbrustfilet
1	Zwiebel, geschält, fein gehackt
5	Knoblauchzehen, fein gehackt
50 g	Joghurt, natur
50 ml	Vollmilch
50 ml	Sahne
2 EL	Tomatenmark
1 St	Ingwer, daumengroß, fein gehackt
1	Zitrone
1	Lorbeerblatt
½ Bund	Koriander, frisch
8	Kardamomkapseln
2 TL	Butterschmalz
1 Tasse	Basmati-Reis

Cumin (Kreuzkümmel), Koriandergewürz, Garam
Masala, Pfeffer, Chiligewürz, Paprika süß, Kurkuma,
Rohrzucker, Cashewkerne, Salz, Öl (neutral oder
Sesamöl)

- Hähnchen in daumengroße Stücke schneiden
- 2 Knoblauchzehen und die Hälfte des Ingwers zusammen in einen Zip-Lock-Beutel geben, außerdem 2 EL Joghurt und den Saft der halben Zitrone, eine kräftige Prise Salz und jeweils einen halben Teelöffel der Gewürze dazu: Kurkuma, Garam Masala, Chili, Paprika, Kreuzkümmel, Koriander.
- Den Beutel verschließen, Hähnchenstücke und Marinade kräftig miteinander verkneten, das Hähnchen muss gleichmäßig mit allen Aromen umschlossen sein. Mindestens 3 Stunden im Kühlschrank liegen lassen.
- 4 Kardamomkapseln zerdrücken und in 1 TL Butterschmalz mit dem Lorbeerblatt, 1 Prise Salz und Chili leicht anbraten. Reis hinzugeben und vorsichtig anbraten, 2 Tassen Wasser zugeben und bei mittlerer Hitze kochen lassen.
- Der Reis muss klebrig sein und sollte nicht zu weichgekocht sein.
- Hähnchen in der Pfanne scharf anbraten, restliche Marinade zur Seite stellen. Wenn die Hähnchenstücke rundherum schön gebraten sind, aus der Pfanne nehmen und zur Seite stellen.
- 1 TL Butterschmalz zugeben, 4 Kardamomkapseln zerdrücken und scharf darin anbraten, Zwiebel, restlichen Knoblauch und Ingwer dazugeben und glasig anschwitzen.
- Die restliche Marinade aus dem Beutel quetschen, Milch, restliche Sahne und Tomatenmark zugeben und köcheln lassen.
- Nochmal mit Kreuzkümmel, Koriander, Paprika, Kurkuma und einer Messerspitze Garam Masala würzen, Hähnchen wieder dazugeben, kurz ziehen lassen. Nach Bedarf mit etwas Zitronensaft, Salz, Pfeffer, Rohrzucker und Chili abschmecken.
- Eine Handvoll Cashewkerne in einer weiteren Pfanne ohne Öl anrösten. Fertig.

Zum Servieren erst den Reis, dann das Hähnchen mit der Sauce, einen kräftigen Klecks Naturjoghurt, Cashewkerne und frisch gehackter Koriander auf den Teller geben, wer es etwas schärfer mag, kann gerne noch eine Prise frisch gemahlene Chiliflocken darüber streuen.

Anstatt das marinierte Hähnchen in der Pfanne anzubraten, könnt ihr es auch auf Metallspieße aufspießen und im Ofen oder einem Bräter 25 Minuten bei 170 °C garen. Danach bei Punkt 7 weiter machen.

NAAN BROT (VEG)

PASST NICHT NUR ZU INDISCHER KÜCHE, SCHMECKT AUCH SUPER ZU EINEM SOMMERLICHEN SALAT, ALS CROSSOVER-BEILAGE ZU PFANNENGYROS ODER ALS BEGLEITER ZU GEGRILLTEM.

250 g	Mehl (Typ 550)
1 TL	Rohrzucker
1 TL	Trockenhefe
1 TL	Backpulver
80 g	Naturjoghurt
2 EL	Butterschmalz
2 EL	neutrales Öl (oder Sesamöl)

Salz, lauwarmes Wasser, Mehl für die Arbeitsfläche

- Mehl, Hefe, Backpulver, Rohrzucker und eine Prise Salz mischen, Joghurt, Öl und ca. 100 ml lauwarmes Wasser zugeben und mit dem Knethaken verrühren, bis ein glatter Teig entstanden ist.
- Zugedeckt für mehrere Stunden im Kühlschrank gehen lassen.
- Auf der bemehlten Arbeitsfläche durchkneten und in 4–6 gleichgroße Stücke teilen, diese jeweils oval ausformen, die Stücke sollten noch ca. ½ cm dick sein.
- Jeweils auf Backpapier legen und für 5–8 Minuten ab in den Ofen bei 250 °C backen.
- Währenddessen das Butterschmalz zerlassen.
- Die fertigen Brote rundherum leicht mit dem Butterschmalz abpinseln. Fertig.

Am besten schmeckt das Naan Brot natürlich frisch aus dem Ofen. Zum individuellen Verfeinern gibt es kein Limit: Gehackter, gerösteter Knoblauch, Sesamkörner, geriebener Käse, frischer Rosmarin ... einfach über das frisch eingepinselte Brot streuen und genießen!

PFANNENGYROS

HERRLICH EINFACHES GERICHT FÜR EINEN SCHÖNEN SOMMERABEND. SOUL FOOD AUS GRIECHENLAND.

3	Schweineschnitzel
1	Hähnchenbrust
5	Knoblauchzehen
½	Zwiebel, groß
1 EL	Thymian
1 TL	Rosenpaprika
1 TL	Kreuzkümmel
1 TL	Zucker
1	Zitrone
4 EL	Olivenöl

Salz, Pfeffer, Chili (nach Geschmack)

- Schnitzel und Hähnchenbrust in kleine, dünne Streifen schneiden, Zwiebel in hauchdünne Scheiben schneiden, Knoblauch schälen und in kleine Scheiben schneiden.

- 2/3 der Zwiebelscheiben zusammen mit Knoblauch und den Fleischstückchen in eine große Schale geben, Thymian, Rosenpaprika, Kreuzkümmel, Zucker, ein wenig Zitronenschalenabrieb und 2 EL Olivenöl dazu geben, kräftig vermischen und zugedeckt für mindestens 3 Stunden im Kühlschrank ziehen lassen.

- In einer großen Pfanne 2 EL Olivenöl heiß werden lassen, dann das marinierte Fleisch mit Marinade dazugeben und scharf anbraten. Saft einer halben Zitrone dazugeben, mit Salz und Pfeffer abschmecken. Beim Servieren die restlichen, rohen Zwiebelringe darübergeben. Fertig.

Dazu passt weißer Reis, Kraut oder ein Salat, dringend erforderlich ist ein einfaches Zaziki. Wer mag, kann gerne noch Chili in der Marinade verwenden. Vorsicht: Durch die mehreren Stunden Ziehdauer kann es recht scharf werden.

SOUR CREAM DIP

HOISIN SAUCE

SO ODER SO IST ES EIN ERFRISCHENDER DIP ZU KARTOFFELN UND JEDER ART VON GEMÜSE.

EINFACH GENIAL ZU JEDER ART VON FLEISCH UND FISCH.

200 g	Sauerrahm (oder Joghurt, zur Not ⅓ Crème fraîche und ⅔ Milch)
1	Zitrone
Schnittlauch, Kreuzkümmel (Cumin), Salz, Zucker	

8 EL	dunkle Misopaste
8 EL	Ahornsirup
4 EL	Wasser
2 EL	Reisweinessig
2 EL	Sriracha-Sauce
1	Knoblauchzehe, geschält, gepresst

■ Schnittlauch hacken, unterheben. Wenn kein Schnittlauch vorhanden ist, geht auch getrockneter Thymian, eine gepresste Knoblauchzehe oder auch frische Minze. Wenn gar keine Kräuter im Haus sind, einfach Kreuzkümmel, eine kräftige Prise Salz und etwas Zucker unterheben. Am Ende noch ein paar Tropfen frischen Zitronensaft oder etwas Abrieb von der Schale. Fertig.

■ Knoblauch anschwitzen, alle anderen Zutaten im Topf verrühren und kurz aufkochen lassen. 5 Minuten bei geringer Hitze köcheln lassen und vom Herd nehmen. Fertig.

Weitere Zutaten zum Pimpen: Fein gehobelte Gurke, gepresster Knoblauch, Kurkuma, Rauchsalz, Kräutersalz ... probiert's aus!

DIE PERFEKTE CURRYSAUCE

GEHT ZU ALLEM, NICHT NUR ZUR GUTEN WURST.
PASST ABER EINFACH HERVORRAGEND ZU SO
ZIEMLICH JEDER BRATWURST. IDEAL MIT POM-
MES, KARTOFFELCHIPS ODER EINER EINFA-
CHEN KAISERSEMMEL.

500 ml	Tomatenketchup
1 EL	Tomatenmark
50 ml	Apfelsaft
1	kleine Zwiebel (½ große Zwiebel)
3 EL	weißer Balsamico Essig
2 EL	Honig
3 EL	Currypulver (mild)

Paprika edelsüß, Chili oder Cayenne, Sojasauce, Salz,
Olivenöl

- Zwiebeln hacken und in Olivenöl und Honig glasig anschwitzen.
- Tomatenmark zugeben, mit Apfelsaft und einem Spritzer Wasser ablöschen.
- Ketchup und Essig zugeben, auf niedriger Temperatur köcheln lassen.
- Curry zugeben, kräftig umrühren und locker ziehen lassen.
- Je nach Geschmack Paprika, Chili, Sojasauce oder Salz zugeben. Fertig.

Die Gewürze kann man auch weglassen, der Ketchup und das Curry bringen den typischen Geschmack. Mit den Gewürzen könnt ihr eure eigene Sauce kreieren. Zu den Zwiebeln könnt ihr auch gehackten frischen Ingwer zugeben, dann wird die Sauce einzigartig. Statt des Apfelsaftes könnt ihr auch Apfelmus und etwas Wasser nehmen.

GENIAL SCHNELLE
FISCHSAUCE

PASST ZU JEDER ART VON FISCH.

1	Frühlingszwiebel
150 ml	Fischfond (zur Not Gemüsebrühe)
50 ml	Sahne
4 cl	Sherry
10 cl	Weißwein
2	Knoblauchzehen
1 St	Ingwer (daumengroß)
100 g	Butter
1	Limette
1 EL	Asia Oyster Sauce
1 TL	Sriracha Sauce (weglassen, wenn's nicht scharf sein soll!)

getrockneter Thymian, Rohrzucker, Honig, Mehl

- Butter in der Pfanne zerlaufen lassen, Knoblauch & Ingwer schälen und hacken, Frühlingszwiebel hacken und in die Pfanne geben und glasig anschwitzen.

- Mit Fischfond, Sherry & Weißwein ablöschen, Sahne, Thymian, Honig, Oyster Sauce & Sriracha Sauce zugeben. Bis zur Hälfte des Volumens einkochen. Abrieb und Saft der Limette zugeben, einmal kurz aufkochen.

- Je nach Belieben pürieren oder abseihen, nach Gusto mit 1 TL Mehl eindicken oder mit dem Zauberstab schaumig schlagen. Fertig.

Fisch, der am Grillrost hängen bleibt, und gebratene Fischhaut einfach mit der Sauce kochen und später abseihen oder herausnehmen.

ZAZIKI – TSATSIKI

GUACAMOLE

GYROS OHNE ZAZIKI GEHT NICHT.

NICHT NUR IN MEXIKO.

500 g	griechischer Sahnejoghurt
1	Salatgurke, geschält
3–4	Knoblauchzehen, frisch
1	Zitrone
1 EL	Olivenöl

Salz, Pfeffer, evtl. 1 TL weißer Essig

2	Avocado, reif und weich
1	Limette
2 Zweige	Koriander, frisch
1	Knoblauchzehe
(1	Tomate, gewürfelt)

Salz, Pfeffer

- Joghurt in eine Schale geben, Gurke fein hobeln und dazugeben.
- Knoblauch pressen und dazugeben, ein paar Spritzer frisch gepresster Zitronensaft und Olivenöl dazugeben, kräftig salzen.
- Bei Bedarf noch ein wenig pfeffern oder Essig zugeben. Fertig.

- Avocados halbieren, Kern entfernen und mit einem Löffel das Fruchtfleisch herausholen und in eine Schüssel geben.
- Knoblauch hineinpressen, Saft der halben Limette hineinpressen.
- Koriander kleinhacken, alles zusammen mit einer Gabel zerdrücken und vermengen, mit Salz und Pfeffer abschmecken. Beim Originalrezept wird noch gewürfelte Tomate untergehoben. Fertig.

Wer es noch cremiger mag, rührt noch einen EL Joghurt unter.

FRENCH TOAST

8	Toastbrotscheiben, leicht angetoastet
4	Eier
4 EL	Vollmilch
½ TL	Zimt
Salz, Butter, Zucker	

- Eier, Milch und Zimt gleichmäßig in einem tiefen Teller verquirlen, je 1 Prise Salz und Zucker zugeben und glattziehen.
- Die Toastscheiben einzeln beidseitig in die Eimasse tunken, so dass sich das Brot gleichmäßig vollsaugt.
- In einer großen Pfanne mit einem ordentlichen Stück Butter die Scheiben beidseitig anbraten, bis sie goldbraun geröstet sind. Fertig.

Dazu passt jede Art von frischen Beeren, brauner Zucker oder auch Marmelade oder Schoko-Nuss-Creme. Eines von Elvis Presleys Lieblingsgerichten war ein Doppeldecker-French Toast, mit Erdnussbutter bestrichen und dazwischen eine in Scheiben geschnittene und in Butter gebratene Banane.

TOAST BENEDICT STYLE

4	Eier
8	Toastscheiben
4 Scheiben	Landschinken
4 EL	weißer Essig (kein Balsamico)

Entweder 200 ml Hollandaise Fertigprodukt oder:

180 g	Butter
2	Eigelb
2 EL	Wasser
1	Zitrone

Salz, Pfeffer aus der Mühle, weißer Cayennepfeffer

Zuerst die Hollandaise:

- Butter vorsichtig in einem kleinen Topf zerlassen. Vorsicht: Nicht richtig heiß werden lassen! In einem großen Topf ein Wasserbad vorbereiten (Wasser einfüllen und erhitzen).
- Eigelb, Saft einer halben Zitrone, Wasser und eine Prise Salz in eine Metallschale geben, diese auf das heiße Wasserbad stellen und mit dem elektrischen Schneebesen cremig schlagen.
- Die Schale dann aus dem Wasserbad heraus nehmen und löffelweise die geschmolzene Butter unter ständigem Rühren unterheben. Mit Salz, Pfeffer und Cayennepfeffer abschmecken.

Jetzt die Eier pochieren:

- Hier ist es wichtig, dass die Eier richtig frisch sind. Einen Topf mit 2–3 l Wasser, einer kräftigen Prise Salz und Essig erhitzen, bis es leicht sprudelt und sofort vom Herd nehmen. Die Eier aufschlagen und einzeln in ein kleines Schüsselchen geben.
- Mit einer Schaumkelle das heiße Wasser in einen Strudel versetzen, dann nach und nach vorsichtig ein Ei nach dem anderen aus dem Schüsselchen in die Mitte des Strudels geben. Nach 3 Minuten sollten die Eier jeweils die Konsistenz von Mozzarella haben, dann sind sie perfekt, vorsichtig herausnehmen und auf Krepp ablegen.
- Brotscheiben toasten, Schinken nach Lust und Laune kurz in der Pfanne anbraten oder direkt drauflegen, dann zusammenbauen: erst Toast, darauf den Schinken, darauf das pochierte Ei, darüber die Hollandaise geben, mit Pfeffer aus der Mühle überziehen, eine Prise Salz darüber geben, die zweite Toastscheibe darüber. Fertig.

Je nach Gusto lässt sich das Gericht nach Saison und Kühlschrank anpassen, englische Muffins, Bagels oder Laugengebäck statt Toastbrot, Spargel, frischer Spinat, geräucherter Lachs statt oder sogar zusätzlich zum Schinken erlauben jede Menge Variationen.

HAUSGEMACHTE
KARTOFFELCHIPS (VEG)

EGAL, OB FESTKOCHEND ODER MEHLIG,
WIR NEHMEN, WAS DA IST.

6   große Kartoffeln
Salz, Paprika edelsüß, Chilipulver, Olivenöl

- Die Kartoffel mit dem Gemüsehobel in
  dünne, gleichmäßige Scheiben schneiden,
  mit kaltem Wasser die Stärke abwaschen, die
  Scheiben in eine große Schüssel geben.

- Öl und Gewürze darübergeben, und alles
  gleichmäßig verteilen.
- Backofen auf 170–180 °C Umluft vorheizen.
  Die Chips einlagig, gleichmäßig auf Backpapier auslegen. Nach 8–10 Minuten umdrehen. Wenn die Chips oben gleichmäßig
  angebräunt sind, einzeln rausnehmen.
  Wenn einzelne Chips noch heller sind,
  einfach noch ein paar Minuten weiter backen
  lassen. Fertig.

MEDITERRANE KARTOFFELECKEN (VEG)

MEDITERRAN. LECKER. PASST ZU JEDEM GRILLGERICHT ODER EINFACH PUR MIT SOUR CREAM.

3–4   große Kartoffeln
Salz, frischer Rosmarin, Chili, Olivenöl

- Die Kartoffeln waschen und in gleichmäßig große Spalten schneiden, mit kaltem Wasser die Stärke abwaschen, mit Krepp trocken tupfen, die Spalten in eine große Schüssel geben, Öl und Gewürze hinzufügen, und alles gleichmäßig verteilen.

- Backofen auf 170–180 °C (keine Umluft) vorheizen. Die Spalten auf Backpapier gleichmäßig mit der Spitze nach oben (auf der Hautfläche) aufstellen. Dadurch sparen wir uns das Wenden und erhalten ein gleichmäßiges Bild. Nach spätestens 25 Minuten sollten die Kartoffelspalten außen gleichmäßig geröstet sein.

- Nach Lust und Laune mit Gewürzen bestreuen, salzen ... Fertig.

Hier passen beinahe alle Gewürze: Rosenpaprika, Curry, Kreuzkümmel, Pfeffer, getrocknetes Basilikum, Thymian, Rohrzucker & Cayenne ...

SÜSSKARTOFFEL-POMMES
AUS DEM BACKOFEN (VEG)

3–4	Süßkartoffeln
2–3 EL	Olivenöl
1 EL	grobes Salz

nach Belieben Rosenpaprika, Chili oder Cayenne Pfeffer

- Süßkartoffeln schälen, in Scheiben und diese dann in ca. kleinfingerdicke Stifte schneiden und in eine große, tiefe Schale geben, Olivenöl und Salz dazugeben.

- Wer möchte, kann die anderen Gewürze nach Lust und Laune zugeben. Vorsichtig durchmischen.

- In einer großen Pfanne kurz scharf auf allen Seiten anbraten, dann für ca. 10 Minuten in den vorgeheizten Backofen bei ca. 170 °C, zwischendurch ein-, zweimal wenden. Fertig.

Schmeckt super lecker zu Fisch und Fleisch, einfach pur mit Sour Cream und frisch gehobeltem Parmesan und einer Prise frisch gemahlenem Pfeffer.

GEBACKENER
BLUMENKOHL

MEINE GROSSMUTTER WAR LANDWIRTIN, DA KAM AUF DEN TISCH, WAS GERADE GEERNTET WURDE. IM SPÄTSOMMER GAB ES BEINAH TÄGLICH BLUMENKOHL. DIESES IST DIE LECKERSTE VARIANTE: HERRLICH, EINFACH LECKERES GEMÜSE FÜR GROSS UND KLEIN. DAZU PASST JEDE ART VON JOGHURT DIP, SOUR CREAM ODER AUCH EIN FRUCHTIGES CHUTNEY.

1	Blumenkohl
2	Eier
4 EL	Sauerrahm
200 g	Semmelbrösel, Paniermehl
2 EL	Senf (mittelscharf)
1 EL	Honig
1 EL	Butter

½ l Öl zum Ausbacken (kein Olivenöl!)
Salz, Pfeffer, Paprikagewürz

- Blumenkohl waschen und in schöne, gleichmäßig große Röschen zerlegen.
- Nun die kleine Panierstraße aufbauen: Eier, Sauerrahm, Honig & Senf verrühren. Sollte eine der Zutaten fehlen, seid kreativ! Statt Honig z. B. Ahornsirup oder Aprikosenmarmelade, ein Ei mehr oder weniger kann man mit Senf ausgleichen.
- Semmelbrösel mit Paprika, Salz und Pfeffer würzen, auf einem flachen Teller verteilen. Statt Semmelbrösel geht auch Panko, selbst gemachte Brotkrümel, zerbröselte Corn Flakes oder Ähnliches.
- Die Röschen erst in die flüssige Creme tauchen, dann in der Knusperschicht gleichmäßig wälzen und vorsichtig in das heiße Öl geben, so dass alles vom Öl umspielt wird. Wenn die Panade schön gebräunt ist, vorsichtig herausholen und auf Küchenkrepp abtropfen lassen. Fertig.

links: Wiener Palatschinken, rechts: Real American Pancakes

WIENER
PALATSCHINKEN

HAUCHDÜNN.

150 g	Mehl
375 g	Vollmilch
2	Eier
50 g	Zucker
1 Pck	Vanillezucker
1 Prise	Salz
Butter	

- Mehl, Eier, Zucker, Salz und ein Drittel der Milch zu einem gleichmäßigen Teig verrühren, Milch nach und nach gleichmäßig unterheben. In einer großen Pfanne hauchdünn mit etwas Butter ausbacken. Fertig.

REAL AMERICAN
PANCAKES

FLUFFIG, DICK UND UNGESUND. PERFEKT
ZUM WOCHENEND-BRUNCH.

150 g	Mehl
150 ml	Vollmilch
75 ml	Buttermilch
4–5	Eier (je nach Größe)
50 g	Butter
1 TL	Backpulver
1 Pckg	Vanillezucker
30–60 g	Rohrzucker
60 ml	Mineralwasser (mit viel Kohlensäure)
1 Prise	Salz
Salz, Butter	

- Eier trennen, Eiweiß steif schlagen. Butter schmelzen.
- Mehl, Zucker, Vanillezucker, Salz, Eigelb, Milch, Buttermilch, geschmolzene Butter mit dem Schneebesen gleichmäßig aufschlagen, bis keine Klümpchen da sind.
- Vorsichtig Eischnee unterheben, Mineralwasser unterheben.
- Kleine Pfanne auf Stufe 5–7 heizen, einen TL Butter schmelzen, dann eine kleine Schöpfkelle Teig von der Mitte aus vorsichtig in die Pfanne geben. Wenn der Teig am Rand goldgelb ist und sich locker vom Pfannenboden löst, umdrehen. Vorsicht: Die Rückseite geht viel schneller. Aus der Pfanne nehmen, zur Seite stellen. Fertig.

Dazu nimmt man in Amerika natürlich Ahornsirup. Schoko-Nuss-Creme, Zucker & Zimt, jede Art von frischem Obst und Marmelade passt aber mindestens genauso gut.

EXTRA FLUFFIGE
WAFFELN

SENSATIONELLE, SIMPLE WAFFELN. EGAL OB SÜSS MIT OBST, MARMELADE, SAHNE ODER DEFTIG MIT GEBACKENEM HÄHN-CHENSCHNITZEL UND AHORNSIRUP. (BEI DER DEFTIGEN VARIANTE UNBEDINGT DIE NÜSSE WEGLASSEN UND DEN ZUCKER UM 1/3 REDUZIEREN)

250 g	Mehl
100 g	Zucker
20 g	brauner Zucker
120 g	Butter (alt. Margarine) bei Raumtemperatur
250 ml	Milch
3	Eier
10 g	Vanillezucker
1–2 TL	Backpulver
100–150 ml	sehr kohlensäurehaltiges Wasser
1 Prise	Salz
(50 g	Haselnusssplitter, Mandeln oder Ähnliches)

- Eier trennen, Eiweiß steif schlagen und zur Seite stellen.
- Eigelb, Zucker, braunen Zucker und Vanillezucker auf hoher Stufe cremig schlagen. Butter unterrühren, danach alle trockenen Zutaten unterrühren.
- Wenn der Teig schön gleichmäßig ist, das Wasser unterrühren, zum Schluss das steife Eiweiß vorsichtig unterziehen.
- Das heiße Waffeleisen einfetten (am besten mit Trennspray), den Teig gleichmäßig eingeben, goldgelb backen. Fertig.

Die Waffeln können in allen Varianten hergestellt werden. Sehr lecker werden sie auch, wenn ihr Schokoraspel, Kokosflocken oder auch Nuss-Nougat-Creme direkt in den Teig mit einarbeitet.

DIE EXTRA LECKEREN
SCHOKOWAFFELN

250 g	Mehl
100 g	brauner Zucker
20 g	Puderzucker
150 g	Butter (alt. Margarine) bei Raumtemperatur
100 ml	Buttermilch
4	Eier
10 g	Vanillezucker
1–2 TL	Backpulver
150 ml	sehr kohlensäurehaltiges Wasser
1 Prise	Salz
80 g	Schokoladenraspel

■ Eier trennen, Eiweiß steif schlagen und zur Seite stellen.

■ Eigelb, Zucker, braunen Zucker und Vanillezucker auf hoher Stufe cremig schlagen. Butter unterrühren, danach alle trockenen Zutaten unterrühren.

■ Wenn der Teig schön gleichmäßig ist, das Wasser unterrühren, zum Schluss die Schokoladenstreusel und den Eischnee vorsichtig unterziehen.

■ Das heiße Waffeleisen einfetten (am besten mit Trennspray) den Teig gleichmäßig eingeben, goldgelb backen. Fertig.

CHRIS LEHNERS
WELTBESTES TIRAMISU

KEINE 10 ZUTATEN UND EIN UNGLAUBLICHES GESCHMACKSERLEBNIS.

500 g	Mascarpone
250 g	Löffelbiskuit
2 Tassen	Espresso
100 g	Puderzucker
4	Eigelb
2	Eiweiß
3 cl	Amaretto, besser noch Grand Marnier oder Triple Sec
1	Limette, Saft und Abrieb

Kakaopulver zum Bestäuben

- Eiweiß steif schlagen.
- Eigelb, Alkohol & Puderzucker schaumig schlagen. Mascarpone unterheben, bis eine gleichmäßige Creme erreicht ist, dann vorsichtig das steife Eiweiß unterheben.
- Den Abrieb der Limette und den Saft der halben Limette unterheben.
- In einer Form (ca. 25x18x7 cm) eine Ebene Löffelbiskuits verteilen, bis der Boden komplett bedeckt ist, die Biskuits dann gleichmäßig mit dem Espresso beträufeln, so dass sie gleichmäßig mit Espresso vollgesaugt sind.
- Maximal ein Drittel der Mascarpone-Ei-Creme darübergießen und glatt streichen. Dann folgt die nächste Schicht Biskuit. Bei der richtigen Form erhalten wir 3 Lagen.
- Die oberste Lage Creme bestäuben wir dann gleichmäßig und dicht mit dem Kakaopulver.
- Das Tiramisu stellen wir über Nacht, im Idealfall mehr als 12 Stunden, in den Kühlschrank. Fertig.

Schmeckt italienisch und saulecker. Variationen sind in jeder Richtung möglich: Weißbier statt Likör, frisches Obst und die passende Marmelade, Konfitüre (Erdbeere, Himbeere, Mango) als Zwischenschicht, statt Espresso Fruchtsaft verwenden ...

Auf der folgenden Seite zeigen wir euch unsere Sommervariante mit Limone. Tobt euch aus und habt Spaß dabei!

Tiramisu

LIMONENTIRAMISU

SCHMECKT NACH EINER LAUEN SOMMER-
NACHT, DAZU PASST EIN GLÄSCHEN ITALIE-
NISCHER ROSÉWEIN.

500 g	Mascarpone
250 g	Löffelbiskuit
1 Tasse	Orangensaft
100 g	Rohrzucker braun
20 g	Puderzucker
4	Eigelb
4	Eiweiß
5 cl	Grand Marnier oder Triple Sec
2	Limetten, Saft und Abrieb
2	Zitronen, Saft und Abrieb

- Eiweiß steif schlagen. 2 EL Rohrzucker und 1 TL Limettenabrieb zur Seite stellen.
- Eigelb, Puderzucker, den Rest vom Rohrzucker schaumig schlagen. Mascarpone, Limettenabrieb und Limettensaft unterheben, bis eine gleichmäßige Creme erreicht ist, dann vorsichtig das steife Eiweiß unterheben.
- Orangensaft, Zitronensaft, Grand Marnier und etwas Zitronenabrieb verrühren.
- In einer Form (ca. 25x18x7 cm) eine Ebene Löffelbiskuit verteilen, bis der Boden komplett bedeckt ist, die Biskuite dann gleichmäßig mit der Orangen-Zitronen-Mischung beträufeln, so dass sie gleichmäßig vollgesaugt sind.
- Maximal ein Drittel der Mascarpone-Ei-Creme darübergießen und glatt streichen. Dann folgt die nächste Schicht Biskuit. Bei der richtigen Form erhalten wir 3 Lagen.
- Die oberste Lage Creme bestäuben wir dann gleichmäßig erst mit dem zur Seite gestellten Rohrzucker, dann mit dem zur Seite gestellten Limettenabrieb.
- Das Tiramisu stellen wir über Nacht, im Idealfall mehr als 12 Stunden, in den Kühlschrank. Fertig.

PFIRSICHKUCHEN –
PEACH COBBLER

WIEDER EIN GROSSARTIGES SOUL FOOD REZEPT VON UNSEREM JAZZER & VOLLBLUTMUSIKER GERARD CONNERS.

100 g	geschmolzene Butter
150 g	Zucker
120 g	Mehl
2 TL	Backpulver
100 ml	Buttermilch
1 TL	Vanillezucker
3–4	reife Pfirsiche, geschält, entkernt und in dünne Scheiben geschnitten
½ TL	Zimt

- Ofen auf 170 °C vorheizen. Die geschmolzene Butter in eine feste Backform gießen, in einer Schüssel einen Teig aus 120 g Zucker, Mehl, Backpulver, Vanillezucker und einer Prise Salz rühren.
- Die Buttermilch unterrühren und den Teig auf die geschmolzene Butter verteilen.
- Die Pfirsiche mit Zimt und dem restlichen Zucker marinieren und auf dem Teig verteilen. Ca. 25–30 Minuten backen. Fertig.

Kann warm und kalt serviert werden. Gerne mit einer Kugel Bourbon-Vanille-Eiscreme.

SILKE AICHHORN

Eine der aktivsten europäischen Harfensolistinnen, Preisträgerin internationaler Wettbewerbe sowie mehrerer Kulturpreise, Inhaberin eines eigenen CD-Labels mit aktuell 25 Einspielungen und einem Buch, „Kultur- und Kreativpilotin", Botschafterin des ambulanten Hospizdienstes der Caritas Traunstein, Geschäftsführerin des Regionalwettbewerbes „Jugend musiziert" Südostbayern, kabarettistische Lesung „Lebenslänglich Frohlocken", Autorin, Meisterkurse, Harfenunterricht, Jurorin in Harfenwettbewerben weltweit. www.silkeaichhorn.de

MOUSSE AU CHOCOLAT
(ZUM REINLEGEN)

EIN GENIALES REZEPT DER EBENSO GENIA-LEN HARFENISTIN SILKE AICHHORN AUS TRAUNSTEIN. SIE BEGEISTERT UNS NICHT NUR REGELMÄSSIG MUSIKALISCH MIT IHREM AUSSERGEWÖHNLICHEN INSTRU-MENT, AUCH IHR BUCH „LEBENSLÄNGLICH FROHLOCKEN – SKURRILES AUS DEM ALL-TAG EINER HARFENISTIN" IST GROSSARTIG UND EXTREM KURZWEILIG. WIR FREUEN UNS, DASS AUCH SILKE ALS TEIL DER GROS-SEN PARK CAFÉ-KÜNSTLERFAMILIE UNS DIESES TOLLE REZEPT ZUR VERFÜGUNG STELLT.

- Kuvertüre hacken, in eine Schüssel geben und über einem warmen Wasserbad schmelzen.
- Kaffeepulver in 2 EL heißem Wasser auflösen.
- Eigelb, Vanillezucker und Kaffee in eine Metall-schüssel geben und über dem heißen Wasserbad mit dem Schneebesen des Handrührers cremig aufschlagen.
- Sahne steif schlagen.
- Geschmolzene Kuvertüre in die Eimasse rühren, geschlagene Sahne unterrühren. Die Masse ist fast flüssig. 20–30 Minuten in den Tiefkühler und dann 1–3 Stunden kühl stellen.
- Mit geraspelter Schokolade, Schlagsahne und frischen Beeren dekorieren. Fertig.

100 g	Halbbitter-Kuvertüre
1 TL	lösliches Kaffeepulver
2	Eigelb
1 Pckg	Vanillezucker
200 g	Sahne

Lieblingsdrinks

LIEBLINGSDRINKS

ICH LIEBE INDIAN TONIC WATER UND BITTER LEMON! MIT UND ZU ALLEM. EINFACH MISCHEN.
ES GIBT DUTZENDE HERSTELLER UND ABFÜLLER, FINDE EINFACH DEINEN FAVORITEN. HIER
EINIGE VARIATIONSMÖGLICHKEITEN:

OLD FASHIONED TONIC
ALKOHOLFREI. ERFRISCHEND.

½	Limette, gewürfelt
¼	Zitrone, gewürfelt
¼	Orange, gewürfelt
4	Himbeeren (frisch, zur Not tiefgekühlt)
1 TL	Rohrzucker
0,15 l	Indian Tonic
0,1 l	Mineralwasser
Crushed Ice	

■ Obst & Zucker in ein großes, stabiles
Glas geben und mit einem Stößel kräftig
zusammendrücken, viel Crushed Ice,
Tonic & Mineralwasser dazu geben, mit
einem langen Löffel umrühren, mit
Strohhalm servieren. Fertig.

TEUFELSZEUG
TEUFLISCH GUT. MIT VORSICHT ZU GENIESSEN.

6 cl	Edelkorn
2 cl	Lime Juice
5 cl	Cranberry Saft
5 cl	Indian Tonic
4	Blaubeeren

■ Mit viel Eis nacheinander ins Longdrinkglas,
umrühren. Fertig.

PRINZENROLLE
SÜFFIG.

5 cl	Obstbrand
2 cl	Lime Juice
2 cl	Zitronensaft
10 cl	Bitter Lemon
2	Limetten, gewürfelt
1 Zweig	Johannisbeeren

■ Eiswürfel rein, Zutaten rein, umrühren. Fertig.

HIER ERSPARE ICH EUCH DIE ZUBEREITUNG, EINFACH NUR ZUSAMMENGEBEN UND AUF GEHT'S!

INDIANER

1/3	Indian Tonic
2/3	Weißbier
1	Zitronenscheibe

ULTIMATE GIN TONIC

6 cl	London Dry Gin
1	frischer Basilikumzweig
1	Gurkenscheibe
0,2 l	Indian Tonic
Eiswürfel	

PORT TONIC

6 cl	Portwein
15 cl	Indian Tonic
1	Zitronenscheibe
Eiswürfel	

Normalerweise nimmt man hierfür einen weißen Portwein. Ich verwende lieber roten Ruby oder Tawny.

SOUTHERN MINT JULEP

6 cl	Southern Comfort
1 TL	Zucker
1	frischer Minzezweig
15 cl	Indian Tonic
10 cl	Mineralwasser mit Kohlensäure

VODKA TONIC

Glasklar und frisch, immer eine Handbreit Vodka unterm Tonic!

6 cl	Vodka
0,2 l	Indian Tonic
1	Limettenscheibe
Eiswürfel	

BEST MARGARITA IN TOWN

EIN SIMPLER DRINK, DER NACH SO VIEL MEHR SCHMECKT, ALS DIE KURZE ZUTATENLISTE VERMUTEN LÄSST.

ES EXISTIEREN MEHRERE GESCHICHTEN UM DEN ORT UND DIE ZEIT DER ENTSTE-HUNG DIESES DRINKS. ER GEHÖRT ABER EINFACH SEIT ENDE DER 1930ER-JAHRE IN DEN USA UND MEXICO ZUM REPERTOIRE JEDES BARKEEPERS. VOR ALLEM AM ME-XIKANISCHEN NATIONALFEIERTAG (CIN-CO DE MAYO, 5. MAI) WIRD DIE MARGARI-TA GERNE UND VIEL GETRUNKEN. IN DEN 1990ER-JAHREN SCHWAPPTE DIE MEXIKO-WELLE AUCH NACH EUROPA, SPÄTESTENS SEITDEM IST DIE MARGARITA NICHT MEHR WEGZUDENKEN. MIT CRUSHED ICE UND EINEM BLENDER (MIXER) KANN DIE MAR-GARITA AUCH GLEICH KARAFFENWEISE GEMACHT WERDEN. ZUM NACHSCHENKEN UND TEILEN, IDEAL FÜR EINEN LOCKEREN MEXIKANISCHEN ABEND. GERNE AUCH MIT FRISCH PÜRIERTEM ERDBEERMUS, MANGO ODER PFIRSICH ALS FRUCHTMARGARITA.

4 cl	goldener Tequila
2 cl	Cointreau
4 cl	Lime Juice Cordial
2 cl	Zitronensaft
1	Limette

Salz, Eiswürfel

- Salz großzügig und gleichmäßig hoch auf einer Untertasse oder einem kleinen Teller verteilen, Limette aufschneiden, die Kante des Cocktail-glases kräftig durch die Schnittseite drehen, diese dann vorsichtig durch das Salz drehen, so dass ein Salzrand entsteht. Mit Küchenkrepp das Salz von der Innenseite des Glases wischen.

- Den Cocktailshaker (oder ein großes Marmeladen-glas) halb mit Eiswürfeln füllen, die flüssigen Zutaten und den Saft einer halben Limette dazu geben. Verschließen und kräftig shaken. Es muss richtig schöner Schaum entstehen.

- Den Drink durch einen Strainer oder Sieb in das Salzrandglas laufen lassen, je nach Belieben ein bis zwei Eiswürfel dazugeben. Fertig.

Schmeckt einfach wie Urlaub am Strand. Ideal als Aperitif, Begleiter eines kräftigen Gerichts, aber auch als After Dinner Drink.

INHALT

Bildrechte:

Seite 12: © Klaudia Tot

Seite 17: © Dennis König Photographie

Seite 22: © Claudia Hofmair

Seite 31: © Robert Kirchmayer

Seite 32 / 33: © Christian Kieslinger

Seite 41: © Aram Mirimanian / Bearbeitung: Gabriel Büchelmeier

Seite 54/56/59: © Castello Banfi

Seite 57/58: © Agricola Tamburini

Seite 70: © Maiba by Alex Schenk

Seite 86/88/93/91/93: © Haberl Gastronomie

Seite 90/94: ©Annette Sander

Seite 107: © Michael Tinnefeld

Seite 114: © Dr. Henry Waltz

Seite 157: © Markus Aichhorn

Mit dem Fotografen Tom auf dem Chinesischen Turm

Alle weiteren Aufnahmen stammen von
Thomas „Kiwi" Kiewning
Stammgast, guter Freund,
Park Cafés Haus- & Hoffotograf
Münchner Kultur- & Eventfotokünstler
www.bkmediasolutions.de